小学生がシーンとして聴く道徳話100選

―教室のモラル！向上的変容の活用授業―

長谷川博之 編著

学芸みらい社
GAKUGEI MIRAISHA

まえがき

新学習指導要領では「特別な教科」として、道徳が教科化された。

小学校においてはいち早く、この春から施行される。

教科化の狙いは、旧態依然とした道徳教育の打破である。

　従来の道徳教育の問題点は大きく三つに整理できる。

一つ、いくら学んでも現実問題に対応する力が身につかなかったことである。

一つ、授業が登場人物の心情の形式的な読み取りに偏り、児童生徒の学ぶ意欲を著しく削いできたことである。

一つ、他教科と比べて評価が軽視されがちであり、児童生徒の何がどう変容したのか、変容しないとしたら原因は何なのか等の分析及び指導方法の改善が大変疎かにされてきたことである。

これらの旧弊を根本から変革するために教科化されるわけである。

変革のキーワードは、「考え、議論する道徳」である。

「議論する」には大前提として、児童生徒の「多様な見方や考え方」が大切にされている必要がある。

「多様な見方や考え方」は、自然と育っていくような代物ではない。

指導者が明確な意図をもち、入念な計画を立てた上で、根気強く教えたり、引き出したりすることで初めて育まれるものである。

さらに言おう。

人は、知識をもたなければ考えを深めることができない。

よって、知識を増やす指導もまた、必要不可欠となる。

その時に大きな効果を発揮するのが、「語り」である。

この語りに注目したのが本書である。

読者が朝の会や帰りの会等の短時間に、時には期せずして生まれた隙間時間に、簡潔明瞭に語れるよう、各テーマをコンパクトにまとめてある。

収めた語りは一〇〇テーマで計二〇〇。狙いは素材提供である。

この素材の調理方法は、読者であるあなた自身に任されている。

低学年に語るならば言葉をより噛み砕く必要があろうし、学級集団の質によっては具体的事例を変更して語ることも必要となろう。結論部分を敢えて省き、児童生徒に考えさせ、交流させる展開も良いだろう。

「多様な見方、考え方」の育成を狙った発問、指示も随所にちりばめてある。意見の分かれる場面では、ぜひ討論を組織すると良い。継続して取り組むことで、児童生徒の「見方、考え方」は確実に向上的変容を遂げていくはずである。

是非それぞれの場で、様々に工夫しつつ実践していただきたい。

読者が教室を「より質の高い生き方を児童生徒と一緒に考える場」とする上で、本書が少しでも役立つならば、著者として望外の喜びである。

最後になりますが、貴重な問題提起の機会をくださった学芸みらい社の樋口雅子氏、そして常に我が国の行く末を思い、温かくも厳しい指導をくださる向山洋一師匠に心からの感謝を申し上げます。

二〇一八年　啓蟄

NPO法人埼玉教育技術研究所代表理事　長谷川博之

もくじ

3 学校行事にまつわる小話

4 意外と知らない日本文化の話

5 知っておきたい祝祭日の意味

6 語り継ぎたい日本の偉人・先人

7 世界の誰もが知っている偉人

8 あこがれのヒーローに学ぶ

9 子どもの心を打つエピソード・人間ドラマ

10 子どもの心を強くする話

1 学校生活をよりよくする話

1 勉強の大切さ—なぜ国語、算数を勉強するのか

オススメ時期⬇ 四月、これから始まる勉強に意味を持たせる

新徳目⬇ 希望と勇気・努力と強い意志

その1 国語を学ぶ理由

皆さんが何かを頭の中で考える時には、必ず言葉を使って考えます。もし持っている言葉の数がゼロならば、人間は考えることができません。感じることはできても考えることはできないのです。

生まれたての赤ちゃんに考えて行動することができないのは、言葉という道具を持っていないからなのです。

では、言葉を知らない赤ちゃんは喉が渇いた時、どうやってそれを伝えるのでしょうか（指名して発表させる）。

そうです。「泣く」のです。泣くことで喉が渇いたことを伝えるのです。

赤ちゃんは成長する中でたくさんの言葉を聞いて、少しずつ覚えていきます。一年くらいしてやっと言葉を使えるようになり、考えることも少しずつできるようになっていくのです。知っている言葉の数が多ければ多いほど、たくさんの「選択肢」を考えられます。知っている言葉が多いほど他の人が思いつかないアイデアを考えつくことができます。

それでは言葉の数を増やすにはどうすればいいのでしょうか？（指名して発表させる）

一つは「本を読む」ことです。本を読むと、自分が知らなかった言葉とたくさん出会います。料理人でも、スポーツ選手でも、超一流と呼ばれるくらいすごい人たちは、必ず本をたくさん読んでいます。言葉を多く知っていればいるほどいろいろな場面を正確に想像したり、難しい問題でも考えたりすることができます。

もう一つは、「人と話す」ことです。赤ちゃんだった皆さんがどうして言葉を覚えたかというと、たくさんお家の人が話しかけてくれたからです。たくさん聞いて、少しずつ覚えて、自分でも使ってみて、君たちは言葉を身につけることができるのです。

たくさん読み、たくさん話す。そうやって言葉の数を増やすことが国語では大切なのです。

その2　算数を学ぶ理由

算数ができるようになるとよいことがあります。どんなことだと思いますか（指名して発表させる。「買い物で計算が間違わない」「頭の回転がはやくなる」など）。

いろいろありますが、一つは「友だちを説得することが上手になる」ということです。

なぜなら、算数は「はじめにこうなって」「次にこうなって」「だからこの答えになる」と順番に説明する学問だからです。「向こうまでは、多分三㎞くらいだと思います」「全部合わせるとなんとなく三gくらいだと思うのですが」という曖昧な言葉は通用しません。きちんと理屈で説明するのが算数なのです。

算数は「多分」や「なんとなく」の答えを許してくれない、「はじめに」「次に」「だからこの答えになる」というハッキリした学問なのです。

その算数を得意にするために大切なことがあります。何だと思いますか（指名して発表させる）。

問題を解く時に、「友だちに教えるんだ」という気持ちになることです。友だちに教えるには、まず自分が深く理解していないと教えることはできません。

友だちに解き方を説明できるようになれば、もう「はじめに」「次に」「だから答えはこうなる」という算数の頭脳ができあがった証拠です。

算数ができるようになるとよいことがある二つ目の理由があります。

それは、大人になって仕事がテキパキとできるようになるということです。仕事は決められたことを、決められた時間に、決められた場所で、決められた順序で、こなしていくものです。算数も、決まっている問題を、時間内に、ノートに正しい順序で解いていきます。ですから、算数ができる人は、お仕事をする能力が高い傾向があると言われています。計算問題もノートに一問一問ていねいに解いて、算数の力をつけていきましょうね。

★長谷川のコーヒーブレイク

中高国語教師である私は、国語を学ぶ意義を例えば、「デート中に相手の心を正確に推測するために読解を学ぶのだ」「意中の相手の心を動かすラブレターを書くために作文を学ぶのだ」と語ってきた。高学年なら通用するだろう。

1 学校生活をよりよくする話

2 勉強の大切さ―なぜ理科、社会を勉強するのか

オススメ時期➡ 四月、授業開きでその教科を学ぶ意義を教えたい時

新徳目➡ 希望と勇気・努力と強い意志

その1 なぜ理科を学ぶのか

皆さんは、なぜ理科を学ぶのでしょうか。それは、私たちのまわりにある「自然」を理解するためです。人類は、自然の仕組みを理解することで、くらしを豊かにしていきました。

例えば大昔、時計もラジオもない時代、人々は決まった時期に種を蒔いて、決まった時期に収穫することができました。どうしてそのようなことができたのでしょうか（指名して発表させる）。

月の満ち欠けの様子を判断の材料にしたのです。月が三日月になり、半月になり、満月になって、また半月になって、新月になって見えなくなって……。その満ち欠けが規則正しく繰り返されることを利用して、時間を計れるようになりました。月の満ち欠けで時間を計っていたから、「一月」「二月」と月が付くのです。

また、「日食」といって、太陽が月に隠れてしまう現象があります。昔の人にとっては、なぜ日中に突然太陽が見えなくなってしまうのかわからず、不吉なこととして恐れられていました。今では、日食の仕組みを正しく理解しているので、誰も恐れたりしません。日食を予測したり、観測して楽しんだりできるようになりました。

「月の満ち欠けの決まり」は、人類が時間をかけて見つけた「知恵」の一つです。それを、皆さんは六年生になった時に学びます。

四年生では、「鉄は熱で温められると体積が増える」ことを学びました。この性質を利用して作られているものがあります。例えば何だと思いますか（指名して発表させる）。

線路です。線路は途中、途中に隙間ができています。これは夏の暑さで線路の体積が増えるからです。隙間が空いていないと、体積が増えて線路が曲がってしまうのです。これも自然を理解したからこそできるのです。

人類は、自然を正しく理解し、その特性をうまく活かして、くらしをよりよくしていきました。理科を学ぶことは、未来の世の中をよりよくすることにつながっているのです。

その2　なぜ社会科を学ぶのか

なぜ社会科を学ぶのだと思いますか（発表させる）。

社会科とは、私たちが生活している世の中の仕組みや成り立ちを詳しく知るために勉強するのです。

例えば、これです。家の台所から持ってきた胡椒です。この胡椒はどこで作られたのか、どのような土地だと育ちやすいのかなど「場所」について学ぶ学問を「地理」といいます。五年生では日本の地理について勉強しました。

その胡椒をめぐって、昔は戦争になったこともありました。いつの時代に育てられるようになったのか、どうして戦争になったのか、胡椒が作られる場所はどのように変わっていったのかなど、「時間」に注目して考えると「歴史」という学問になります。

胡椒を売ってお金を稼ぐとなると、流通や会社を作るための法律など世の中のルールを学ぶことになります。それも社会科での学習内容です。

社会科を学ぶということは、私たちが住んでいるこの「世の中」そのものについて学ぶことになるのです。

もう一つ、社会科を学ぶことは、未来の社会をよくすることにつながります。

例えば、現在と違って江戸時代は、とてもゴミが少なかったそうです。なぜだと思いますか（指名して発表させる）。

それは、私たちが「ゴミ」だと考える物を当時の人はリサイクルして再利用したからなのです。どんな物をリサイクルしたと思いますか（指名して発表させる）。

欠けてしまった茶碗。穴の空いた鍋や釜。使わなくなった紙くず。燃やしたあとの「灰」など、こんな物まで？という物もリサイクルしたのです。江戸時代のリサイクルの仕組みは見直され、現在のゴミ問題を解決するために活かされているのです。

多くの人たちが努力し、工夫して生み出したたくさんのアイディアや考え方を学んで、よりよい世の中にしていく。そのために社会科を学ぶのです。

★長谷川のコーヒーブレイク

過去に学び、未来を創るのが歴史を学ぶ意義である。地理は異文化理解の入り口である。決して、教科書の太字を暗記する学問ではない。教師が語る学ぶ意義は、教師の授業を規定する。よくよく吟味して語りたい。

3 勉強の大切さ――英語を学ぶ意義と伸びる子の条件

オススメ時期➡ 学ぶことの大切さを教えたい時　**新徳目➡** 勤労・公共の精神・個性の伸長

その1 英語を学ぶ意義

皆さんが知っている英語。どんな言葉がありますか（発表させる）。

では、どうして英語を学ぶのでしょうか。隣の人と相談しましょう（話し合わせた後、発表させる）。

答えを教える前に、考えてほしいことがあります。

今、日本には大体何人くらいの人がいると思いますか（発表させる）。約一億二千七百万人です。

この日本の人口は、この先、増えていくと思いますか。それとも減っていくと思いますか（挙手させる）。

これから先、人口はどんどん少なくなっていくと予想されています。二〇三〇年頃には約一億一千万人。その三〇年後、二〇六〇年には約八千万人になると言われています。

例えば、今皆さんが教室の掃除を六人で取り組んでいるとします。それを四人で取り組むのとでは、どちらが大変ですか。

当然、四人の方が大変ですよね。でも、そうしなければいけないくらい、人口が減ってしまうということです。

掃除だけではありません。皆さんが大人になった時には、社会全般の仕事にも今より少ない人数で取り組むのです。その時、他の国の人に「大変だから手伝ってほしい」とか「次は僕たちがあなたたちを助けるよ」などと話して、仲良くして協力できたらいいですよね。そのような話をする時に話す言葉は何ですか（「英語」）。

世界にはいろいろな言葉がありますが、英語は世界で一番多くの人が使っている言葉です。英語を勉強することで、日本人以外の人ともコミュニケーションを取って助け合うことができます。

たくさん英語を勉強して、どこの国の人であっても仲良くなって、一緒に協力して生きていく。そのために、英語は勉強する必要があるのです。

《参考文献》
『平成二八年版高齢社会白書』（内閣府）

その2 成長する子、伸びる子の条件

成長する子、伸びる子には四つのタイプがあると言われています。ていねいな子、まじめな子、挑戦する子、そして最後までやる子です。

一つ目、物事に「ていねい」に取り組む子。例えば、花の絵を描いた時、花びらの一枚一枚にきちんとはみ出さずに色塗りをする子です。

折り紙を折れば、折り目をきちんと合わせてしっかりしたものを作り、友だちの家に行ったらきちんとしゃがんで靴を揃えます。そういう子は、計算問題のうっかりミスなどありません。

二つ目、「まじめな子」。まじめとは「うそやいいかげんなところがなく、真剣、本気であること」という意味です。同じ勉強をしても、手を抜いていいかげんにやる子と、手を抜かずに本気で取り組む子では、成長する速さがちがいます。

三つ目は、いろいろなことに挑戦する子。「あれもやりたい」「これもやりたい」と次々にチャレンジしていく子です。新しいことに挑戦するから、今まで知らなかったことを知り、できなかったことができるようになります。たくさん失敗もしますが、人間は失敗からたくさん学んでいきます。たくさん挑戦する子、たくさん失敗する子ほど成長します。

四つ目は、一度やり始めたことは最後までやる子です。剣道を始めたら有段者になるまで続ける、のようにです。

四つともすべてに当てはまっている必要はありません。一つあれば十分素敵です。皆さんはどのタイプが当てはまりそうですか（挙手させる）。

自分が当てはまるなと思うところを生かして、苦手だなと思う部分は今より少しだけがんばってみて、自分を伸ばしていけるようにしましょう。

《参考文献》

『向山式「勉強のコツ」がよくわかる本―子どもを伸ばす〝家庭学習〟の考え方・進め方』（PHP研究所）

★長谷川のコーヒーブレイク

移民等を話題にするのも大切だが、楽しさをこそ語りたい。パソコンやスマホが広く行き渡り、世界人口の九割がネットにアクセスできるようになる。これは、世界中の人々とつながれるということだ。その時必要な言語は？　などだ。

4 勉強の大切さに気づかせよう

オススメ時期⬇ 四月、よい人間関係の築き方を教えたい時

新徳目⬇ 親切・思いやり

その1 ちくちく言葉・ふわふわ言葉

人から言われると嫌な気持ちになる言葉。例えばどんなものがありますか（指名して発表させる。「バカ」「嫌い」「ぶりっこ」「きもい」などが出る）。

このような言葉を言われると、心にちくりと刺さります。だから、これらを「ちくちく言葉」といいます。言ってみましょう（「ちくちく言葉」）。

ちくちく言葉がたくさん聞こえる教室では、言われた本人はもちろん、その言葉を聞いている人の心にもちくちくと刺さり、心が痛んで、お友だちとの仲も悪くなってしまいます。

ちくちく言葉が教室にあふれるようになると、教室の雰囲気はどうなっていきますか（「暗くなる」「嫌な感じになる」などが出る）。そうだよね。

教室では、言われた相手が嬉しくなるような言葉がたくさん聞こえてくるといいですよね。

言われると嬉しくなる言葉、例えばどんなものがありますか（「ありがとう」「楽しい」「嬉しい」「優しいね」などが出る）。

このような言葉を言われると、嬉しくなり、気持ちが軽くなります。だから、このような言葉を「ふわふわ言葉」といいます。言ってみましょう（「ふわふわ言葉」）。

ふわふわ言葉がたくさん聞こえる教室では、言われた本人はもちろん、その言葉を聞いているお友だちも気持ちが軽くなり、表情も明るくなります。

ふわふわ言葉が教室にあふれるようになると、教室の雰囲気はどうなっていきますか（「いい雰囲気になる」「前向きになる」など）。そうだよね。

皆さんはどちらの言葉が教室でたくさん聞こえるといいですか。ちくちく言葉がいい人？　ふわふわ言葉がいい人？（挙手させる）。

教室からちくちく言葉をなくし、ふわふわ言葉でいっぱいの教室にしていきましょう。まずはできるだけたくさんのふわふわ言葉を出し合ってみましょう。

その2 「まあいっか」「おかげさま」

お友だちともっと仲良くなれる、魔法の言葉があります。それは、「まあいっか」と「おかげさま」です。

一つ目の「まあいっか」。これは、何か嫌なことがあった時に言う言葉です。お友だちと遊ぶ約束をしていたけれども、急に友だちが「ごめん！　今日遊べなくなっちゃった」と言ったとします。どう思いますか？（なんでだろう、楽しみにしていたのに、など）。そういう時に、嫌な気持ちをぐっと飲み込んで、次のように言います。「まあ、いっか」。

お友だちのことを悪く言っても仕方がない。そういう時もあるさ、まあいっか。この言葉を口に出して言うと、不思議と心がすーっと、軽くなります。嫌なことがあった時に、口にしてみてくださいね。

もう一つは、嬉しいことがあった時に使う言葉です。テストでいい点をとった！　運動会のかけっこで一番になった！　そんな時に使うのが「おかげさま」です。

昔、暑い夏の日、歩き疲れた人が、木の陰を見つけて、一休みしました。しばらくすると元気になって、また前に進むことができるようになりました。木の「おかげ」で助かったのです。だから、「かげ」に「さま」をつけて、「おかげさま」という言葉になったのだそうです。

かけっこで一番になった時、「お母さんが美味しいご飯をつくってくれたからがんばれた」「〇〇ちゃんが走る練習を一緒にしてくれた」など、たくさんの人が支えてくれています。「自分では気づかないたくさんの人の助けがあってうまくいったんだ、ありがたいなぁ」という感謝の気持ちを込めて、「おかげさま」という言葉を使いましょう。

嫌なことがあったら「まぁ、いっか」。

嬉しいことがあったら「おかげさま」。

言ってみましょう。嫌なことがあったら？（「まぁ、いっか」）嬉しいことがあったら？（「おかげさま」）前向きな言葉を使うと、自然と気持ちも前向きになり、周りにもよい影響を与えます。たくさん使って、よりよい学校生活を送ってくださいね。

★長谷川のコーヒーブレイク

成功した時は窓の外を見ろ。失敗した時は鏡を見ろ。私はそう教えられて育った。うまくいった時は自分以外に成功要因を求める。うまくいかなかった時は自らを省みる。先人の知恵を、子どもたちにも教えたい。

5 掃除ができる子は他のこともできる

オススメ時期➡ 四月、よい人間関係の築き方を教えたい時

新徳目➡ 勤労・公共の精神

その1 掃除をする人は友だちから信用される

掃除は物を大切にする活動です。物を大切にできる子は、友だちも大切にすることができると言われています。

また、自分がその場所を掃除すると、自分だけでなく、周りの人も気持ちがよくなりますよね。掃除をすることは相手を大切にすることにもつながるのです。だから掃除をする子は、とっても信頼できる人だなと思います。

この掃除を特に大切にしている場所があります。ディズニーランドです。ディズニーランドでは、お客様を感動させるため、どの場所も一五分に一回は必ず掃除するようにしています。

アメリカのディズニーランドに、掃除のお勉強をしに行った人がいました。その人がびっくりしたことがあります。なんとトイレ一つ一つに名前をつけて、愛情をこめて掃除をしているのです。宝物を磨くかのようにトイレをきれいにする。だから、いつもトイレはピカピカです。

楽しいアトラクションに、いつも掃除されていてきれいな園内。だから、多くの人が集まるのですね。

掃除について、こんな話もあります。あるお寺には、偉いお坊さんとそのお弟子さんたちがたくさんいました。

朝食を食べた後に、ある若者がまた一人、弟子入りをしたいと願い、お寺にやってきました。

「私を弟子にしてください。立派なお坊さんになりたいのです」

偉いお坊さんは、若者に質問をしました。「家でお椀と茶碗を洗ったか？」と。目の前の物をきれいにできない者が立派な坊さんになれるわけがないということです。

「心をきれいにしたい」ならば、目の前の物をまずはきれいにする。そのことが自分自身を高めていくことにつながるという大切な教えなのです。

掃除の時間に取り組むと、心もきれいになっていきます。一所懸命掃除できるといいですね。

《参考文献》

『ディズニーの魔法のおそうじ』安孫子薫（小学館）

その2　鍵山秀三郎氏から学ぶ掃除の大切さ

イエローハットという会社があります。創業者を鍵山秀三郎さんといいます。この会社では、夏になると毎年同じホテルを利用していました。宿泊する時、鍵山さんが社員に気をつけるように言っていたことがあります。それは何だと思いますか（発表させる）。

トイレをきれいにして出てくることです。もちろん、部屋もきれいに使いますが、トイレをきれいに使うことについては特に徹底して社員に指導をしていたのです。

夏休みのたびにこのホテルを使っていたら、不思議なことが起きました。

ホテルでは、食事は決められた時間に決められた場所で食べます。しかし、この会社だけは特別で、「いつ、どこで食事をしていただいても構いません」とホテルのオーナーから言われたのです。なぜだと思いますか（発表させる）。

いつもホテルをきれいに使っていた鍵山さんたちへの、感謝の気持ちを込めたサービスだったのです。

この会社の社員は、鍵山さんの言う通り、物を汚さずに大切に使い、トイレもきれいにしていました。そのことがホテルの従業員にも知れ渡っていたのです。他にも、頼んでいない飲み物がサービスされることもありました。

このように感謝される鍵山さんの会社ですが、創業当時は評判が悪く、会社の中でも口喧嘩ばかりでした。

「どうしたら会社の雰囲気がよくなるか」と考えた鍵山さんはある活動を始めました。何だと思いますか（発表させる）。

「トイレ掃除」です。始めた時には誰も手伝ってくれないので、一人でトイレを掃除しました。「目の前を磨くことで、心をきれいにすることに繋がる」と鍵山さんはトイレ掃除を続けました。いつしか同じように掃除する人が増えました。すると、社内の雰囲気も明るくなり、評判もどんどんよくなっていったのです。

心もきれいになる掃除、一所懸命できるといいですね。

《参考文献》

『頭のそうじ 心のそうじ』鍵山秀三郎（サンマーク出版）

★長谷川のコーヒーブレイク

学級や学年を相手に、「そわかの法則」の話をよくした。掃除と笑いと感謝を大切にしよう、という内容である。荒れた生徒集団を担当した時、掃除で一点突破したこともある。掃除には利己心を抑制し、人間性を高める効果がある。

1 学校生活をよりよくする話

6 一年を通して大切にしてほしいこと

オススメ時期➡ 学級開きの時と学級解散の時

新徳目➡ よりよい学校生活・集団生活の充実

その1 出会いの語り

この一年、○年○組の担任を務める（担任氏名）です。

このクラスにいられるのはこの一年だけです。ですから、三月の解散の時に、皆さんがこのクラスの仲間と一緒にいられてよかったと思える一年間にしたいです。

そのために、皆さんに一年を通して大切にしてほしいことが三つあります。

一つ目は、勉強をして賢くなることです。しっかり勉強して、世の中の役に立つ立派な人になってほしいです。

二つ目は、友だちと仲良くすることです。友だちと一緒に考えたり、話し合ったり、協力したりするからこそ、人は成長できるのです。いじめは絶対に許しません。

三つ目は、日常生活を大切にすることです。

大阪の中学校で二〇年間体育教師を務めた、原田隆史さんという方がいます。原田さんが勤めた中学校は当初、「おはよう」と大きな声で呼びかけても挨拶を返さない、平気で遅刻や忘れ物を繰り返す、校庭を一周すると、たくさんのゴミで袋が一杯になるような状況でした。そんな中で、原田さんは陸上経験のほとんどない「ふつうの子を日本一にする」という目標を立てます。この目標は達成できたと思いますか（数名指名する）。なんと、陸上競技で一三回も日本一となる選手たちを育てたのです。

原田さんが、徹底したことの一つに「態度教育」があります。靴をそろえる、椅子を入れる、返事をする、背筋をピンと伸ばす等の基本的な習慣を身につけさせる教育です。

原田さんは、「心」の教育の重要性を語ります。心が育っていないと、何をやっても成功しないというのです。

私たちも、心を育てるために、日常生活の小さなこと、挨拶、靴揃え、当番の仕事等をきちんとすることを大切にしていきたいですね。この一年間、楽しいこともあれば、苦しいこともあるでしょう。様々なことが待ち受けていますが、力を合わせて笑顔で進んでいきましょう。

《参考文献》
『カリスマ体育教師の常勝教育』原田隆史（日経ＢＰ社）

その2　別れの語り

担任の私からの最後の話です。○年○組一人ひとりに、どうしても大切にしてほしいことを話します。

世界にはおよそ七〇億人の人が生活しています。この学級にいるのは、そのうちのたったの（学級児童数）人です。その中でこの日本という国に生まれて、○○学校に同じ年に入学し、同じ教室で学んできました。いくつもの偶然、奇跡の積み重ねがあって集まった友だちと、今までこの教室で学んできたのです。

この一年間、様々なことがありましたね。どんなことが、印象に残っていますか（数名から意見を聞いて思い出を振り返る）。林間学校では、皆で挑んだ○○山の登山。一人も脱落することなく登り切りましたね。皆で作ったカレーの味は格別なものでした。惜しくも優勝は逃しましたが、リレーや組体操など、皆で力を合わせて取り組んだ運動会。心を一つに歌った校内音楽会。その一つ一つが、皆さんと歩んできた大切な思い出です。

「出逢いがあるから人生は素晴らしい。別れがあるから人生は美しい」という言葉があります。別れがあると知っているから、一日一日を大切に、今日まで頑張ってこられたのですよね。

共に学び、笑い、時に涙したこの教室ともこれでお別れです。私たちが一つのクラスに集まって生活を共にすることは二度とありません。寂しいけれども、これで解散です。

最後に約束をしてほしいことがあります。

来年、どのようなクラスになっても、そのメンバーで力を合わせ、今年以上の学級をつくりあげてほしいのです。

「去年の方がよかった」「昔の方がよかった」。そんな思いがもし心に浮かんだとしても、言葉にはしないでほしいのです。

過去の思い出を振り返ってばかりでは、これから成長することはできません。皆さんの可能性は無限に広がっています。君たちの未来は太陽のように明るいです。顔をあげ、胸を張って、新たな生活の様々なことに挑戦してほしいと願います。

《参考文献》長谷川博之研究資料

★長谷川のコーヒーブレイク

日常生活の大切さは何度強調しても強調しすぎることはない。日常生活の質が授業の質も、行事の質も、部活動の質も、すべてを規定する。「時・場・礼」「挨拶・返事・後始末」ほか、神は底部に宿りたもう。

7 出会いで語る話・解散の時に語る話

オススメ時期⬇ 中学年

新徳目⬇ よりよい学校生活・集団生活の充実

その1 出会いが一年間を決める

皆さんは、今日から中学年と呼ばれる学年になりました。五、六年生を手本にしながら、一、二年生の見本となる学年です。皆さんは、どんな場面で見本となる行動をしたいですか（挨拶、掃除、授業など）。

では、これから皆さんが学校で頑張ることを二つ話します。一つ目はもちろん勉強です。勉強は、今までよりも少し難しくなります。一、二年生が小学校の勉強の基礎・基本を学ぶとすれば、今年からは、応用を勉強します。これまでに見つけたことを基に、協力し合って、様々な課題を解決していくのです。今まで以上に楽しいですよ。

二つ目は、友だちと仲良くすることです。友だちと仲良くできる魔法の言葉があります。何だと思いますか。

それは、「ありがとう」です。仕事を手伝ってもらって「ありがとう」、消しゴムを貸してもらって「ありがとう」、小さいことでも「ありがとう」が言えることは、素晴らしいことです（○○君、笑顔で聞いてくれてありがとう、等）。

次に、先生が叱ることを三つ話します。

一つ目は、人の嫌がることをした時です。自分がどう思っているかでは、ありません。相手が嫌だと思うようなことを絶対にしてはいけません。

二つ目です。三回同じ注意をされても直そうとしない時です。二回くらいは、人間、失敗することはあります。しかし、三回も同じことを言われてはいけません。

三つ目です。命に関わることをした時です。人にはさみを向けたり、窓から顔を出したり、大きな事故に繋がることは、絶対にしてはいけません。

私は、この三つのことに関しては厳しく叱りますが、それ以外のことは、基本的には、皆さんと一緒に楽しく生活をしていきたいと思っています。

先生もできることを精一杯行います。皆さんも、ぜひ一緒に、ルールを守り、「ありがとう」のあふれるクラスを作っていきましょう。一年間よろしくお願いします。私の話を最後までしっかり聞いてくれて、「ありがとう」。

その2 解散の時に語る言葉

今日で○年○組が終わります。さて、皆さんが四月に立てた学級目標を振り返ってみましょう。どんな目標でしたか（発表させる）。これらの目標、このクラスで達成できたと思う人（挙手させる）。

四月、私に指示されることを待って動いていました。

五月、六月、七月と、自分たちで考え、行動できるようになっていきました。例えば給食の準備では、当番以外の子も自ら手伝い、協力して素早く行えていましたね。

九月の運動会、皆で踊ったソーラン節、息の合った演技は忘れられません。作戦を立て、練習を積み重ねた学年種目。本気で取り組んだからこそ、絆も深まりました。

一〇月の持久走大会では、体育の授業、休み時間、朝の時間も一所懸命練習していましたね。全員完走を達成した、感動の行事でした。

一月二月の大縄大会では、どのクラスよりも早く練習に出ていましたね。目標を達成して喜び合いました。

そして、何よりも皆が頑張ったのは、毎日の授業です。計算、漢字、発表、ていねいな字、英会話、先生や友だちの意見を聞くことも、討論もできるようになりました。

四月から皆さんは、新しい学年、新しいクラス、新しい友だち、新しい先生と過ごすことになります。

私も同じです。三月の間は、皆さんとの思い出にひたりますが、四月からは、新しいクラスで、このクラスを超えるクラスを作っていきます。だから、皆さんも約束してください。決して、「前のクラスの方がよかった」とは、言わないこと。皆さんの力で、このクラスを超えるクラスを作っていってください。

四月からは、高学年の仲間入りです。この学校を作っていくのは、皆さん一人ひとりです。期待しています。

本当に一年間、ありがとうございました。さようなら。

《参考文献》

『黄金の三日間クラスをまとめる秘訣中学年』甲本卓司監修・TOSS岡山サークルMAK（明治図書）

★長谷川のコーヒーブレイク

「最高学年らしくしなさい」と指導する教師に、私は「最高学年らしさとは何か、箇条書きで一〇点書き出してみてください」と伝えてきた。教師のイメージが不明瞭であれば、子どもは変わりようがない。中学年、低学年もまた然り。

1 学校生活をよりよくする話

8 卒業とは―過去を断ち切り未来を生きよ

オススメ時期⬇ 四月、始業式の日／三月、最終登校日

新徳目⬇ よりよい学校生活・集団生活の充実

その1 **出会いの語り**

進級おめでとうございます。今日から六年生です。六年生は学校の「リーダー」です。周りにいる人たちは、「リーダー」のすることを真似します。

六年生が下足箱の靴を揃えていなかったら、下級生も靴を揃えようとしません。

六年生が先生や友だち、そして、地域の人たちに元気よく挨拶をしなかったら、下級生も挨拶しようとしません。

六年生が掃除用具を振り回したり、おしゃべりしたりしながら掃除に取り組んでいれば、下級生も掃除中に遊んだり、おしゃべりしたりします。

逆もありえます。六年生の下足箱の靴がきれいに揃っていれば、他の学年の下足箱もきれいに揃うようになります。

六年生が先生や友だち、地域の人たちに元気よく挨拶していたら、下級生も元気よく挨拶をするようになります。

六年生が一所懸命、黙々と掃除していたら、下級生の取り組みも改善されます。

このように、下級生は、六年生の良い面も悪い面もすべてを真似するのです。だから、次のようにも言われます。

「六年生を見れば、どのような学校なのか分かる」

「六年生が良い学校は、学校全体が素晴らしい」

つまり、学校の良し悪しは、六年生の「行動」で決まるのです。下級生が落ち着いて生活することができている時、それは六年生の「おかげ」と言われます。でも、下級生が落ち着かない生活をしていたら、例えば、廊下を走ったり、全校朝会や集会の時に騒がしかったりしたら、それは六年生の「せい」（責任）と言われます。

この話を聞いて、どんなことを思いましたか（発表させる）。

確かに六年生はとても大変です。でも、大変な分、やりがいがあります。学校をいかようにも変えられるのですから。

小学校最後の一年間、下級生のお手本となる生活を送り、最高の一年にしましょう。

《参考文献》『ディズニーランドが教えてくれた みんなが笑顔で働ける習慣』石坂秀己（こう書房）

その2　卒業の語り

今日、君たちの小学校生活が終わります。君たちにとって、今日をかぎりに○○小学校での生活は、過去のものとなります。あと数日後には、中学校での新しい生活が始まります。新たな出会いが待っています。

中学校に進学すれば、他の小学校から来た人たちとも一緒になります。その人たちが新たな仲間となるのです。一緒に行動する友人も、今よりも増えることでしょう。

部活動も始まります。勉強だけでなく、スポーツに打ち込んだり、音楽に夢中になったりすることもできます。

勉強する教科や内容も増えます。今まで知らなかったことを、たくさん知ることができるようになります。

でも、やりがいや楽しいことが増える分、苦しい経験をすることも増えます。勉強が大変になったり、生活が忙しくなったり、人間関係で悩んだりするかもしれません。これは、当然のことなのです。皆さんのご両親も、私も、人間誰しも通る道です。

辛いことが起きたからといって、どうか「小学校時代の方が楽しかった」などという感傷に浸らないでほしい。「生きている今現在よりも昔の方がよかった」などと虚しいことは言わないでほしいです。

「楽しさ」というのは、人から与えられるものではなく、自ら作り出していくものなのです。不幸を他人や環境のせいにする暇があるなら、立ち止まっている、後ろを向いている自分自身を励まし、前に進んでほしいのです。

中学生になってからも、この○○小学校を再び訪れることがあるでしょう。その時、もし会うことがあったなら、「勉強がんばっています」、「部活が楽しいです」、「仲間が増えました」、「小学校の時より、とても楽しいです」……。そういう言葉を、先生は聞きたい。

これで、先生の最後の話を終わります。

ここに、二〇××年度六年生〇〇学級のすべてを終了します。解散。

《参考文献》長谷川博之研究物

★長谷川のコーヒーブレイク

解散学活で私たちが何を語れるかは、その瞬間までに子どもたちがどれだけ育ち、どんな「メッセージの受け取り態勢」をとっているかに規定される。育てていればこそ、「過去を断ち切り未来を生きよ」の話が活きるのである。

2 日常生活をよりよくする話

9 人間関係をよりよくする話―集団のルールを守ろう

オススメ時期⬇ 四月の学級開きと三月の学級最後の日　**新徳目⬇** よりよい学校生活・集団生活の充実

その1 四月・学級開きでする話

先生の名前は、○○○○（自分の名前）といいます。一年間このクラスの担任を務めます。

この教室で、このメンバーと勉強できるのは一年限りです。一年たったら、どんなに嫌でもこの教室を出ていかなければいけません。どんなに仲が良くても、別れて次の学年に上がります。だから、この一年はとても大切な、二度とない一年です。

私は、この一年間で二つのことを言い続けます。

一つは、学校は勉強するところだ、ということです。

勉強して賢くなる。りっぱな大人になって、世の中の役に立つ、国や社会を支えていく人間になるために学びます。学校はそのためにあるのです。

もう一つは、学校は人と仲良くする場所だということです。大勢で一緒に勉強するのは、一人ぼっちで家で勉強するのとはちがいます。たくさんの友だちと話し合ったり、答えを検討し合ったりするからこそ、一人で学ぶ以上に賢くなれるのです。だから、学校の皆と仲良くすること、人との付き合い方を学ぶことが大切です。

先生は明るく楽しいのが好きですが、厳しい時もあります。先生が厳しく叱るのは次の三つの時です。

①何度言っても直そうとしない時

（集団のルールを守らない時。時間を守らない、仕事をしない、授業中の無駄話、手紙を回すなど）

②人の不幸の上に自分の幸せをつくろうとした時

（いじめ、仲間はずし、一人狙いの鬼ごっこ、集団陰口、勉強やスポーツが苦手な人を馬鹿にする、一所懸命している人を馬鹿にするなど）

③命にかかわる危険なことをした時

（プロレスごっこや暴力、ベランダの手すりの上に登って遊ぶなど）

このような時、先生は本気で叱ります。でも、それ以外で叱ることはありません。

お互いに、いつも笑顔で楽しいことをたくさんしましょう。

その2　三月・学級解散の時にする話

これから、最後の学級通信を配ります。先生が読みます。静かに聞きましょう。

楽しく過ごしてきた一年間が今日で終わります。とうとう○年○組の皆さんとお別れする日がやってきました。一年間の学級生活で何か一つでも、皆の心に残っているものがあるなら、私は嬉しく思います。

皆さんは、四月からは新しい学年に上がります。この学級を巣立つ皆さんに、私からお願いがあります。

このクラスのこと、私のこと、楽しかったこと、たくさんのことを、来年になったら一度すべて忘れてください。これは、本当に忘れてほしいという意味ではありません。○年生になって、「去年のクラスのことなんか忘れちゃった」というくらい楽しい生活を送ってほしいということです。

廊下で会ったり、すれ違ったりした時、「先生、○年生のクラスがとっても楽しいよ」と言ってほしいのです。

いつまでも「去年がよかった。先生のクラスが楽しかった」と言われると、私は悲しくなります。それは、新しい生活が充実していない証拠だからです。

皆さんは未来に向かって生きています。前に向かって突き進んでいってほしいと私は願っています。皆さんの頑張る姿を、今度は陰ながら応援するつもりです。

新しい仲間と、新しい先生と共に、今まで経験したことのないような素晴らしい一年間を送ってください。今年より何倍も楽しい生活を、皆さんの努力でつくりあげてくださいね。

私は、○年○組のことが大好きでした。毎日が楽しかった。一緒に勉強したことも遊んだことも、時に叱ったことも、その全部が良い思い出です。

今までありがとう。

全員起立。最後の挨拶は一丁締めです。

これで○年○組のすべてを終わります。お手を拝借。

せーの！（パン！）　さようなら。

《参考文献》

NPO法人岡山教師力向上支援サークル研究物

★長谷川のコーヒーブレイク

学級開きで学校の目的を語り、学級担任の願いを語り、叱る基準を語る。これは先人が磨き上げた教育技術の一つである。

解散時には、思い出を引きずるな、更なる努力を惜しむなと最後の教育を行う。決して、お涙頂戴ではない。

2 日常生活をよりよくする話

10 給食についての話—食事のマナー

オススメ時期⬇ 四月、基本的な生活習慣を身につけさせたい時

新徳目⬇ 節度・節制

その1 いただきます・ごちそうさま

食事をする時の「いただきます」や「ごちそうさま」は誰に対して言っているのでしょうか（子どもを指名し、言わせる。「料理を作ってくれた人」「野菜を育ててくれた人」などが出る）。

そうですね。でも、それ以外にもあるのです。「いただきます」の「いただく」は、「頭にのせる」という意味です。神様にお供えしたものを食べる時や、とてもえらい人から物を受け取る時に、頭の上にかかげ、ていねいに受け取りました。そこから、「食べる」「もらう」という言葉の代わりに、「いただく」が使われるようになり、やがて、食事を始める時に「いただきます」と言うようになったのです。

さて、その「いただきます」ですが、「私たちが食べているすべてのもの」に対して言っているのです。

例えば、鶏は人間に食べられるために生まれてきたのですか。ちがいますね。お魚もそうです。それぞれの生き物が、精一杯生きているのです。動物だけでなく、植物もそうですね。私たち人間は、生きているものから命をもらい、それを食べることによって生きているのです。

つまり、「いただきます」というあいさつは、「動物や植物の命をいただきます」という意味なのです。私たち人間のために、命をくれた動物や植物にありがとうの気持ちを込めて「いただきます」と言いましょうね。

では、「ごちそうさま」はどうでしょうか。「ごちそうさま」の「ちそう（馳走）」には、「あちこち走り回る」という意味があります。皆の食事を準備するために走り回るように働いてくれるのは、どんな人ですか（「農家の人」「漁師さん」「給食の調理員さん」などが出る）。

そうですね。そのような、たくさんの人たちが一所懸命働いてくれたから、目の前の食事が出来上がるのですね。食事の準備にかかわってくれた人にありがとうの気持ちを込めて「ごちそうさま」と言いましょうね。

《参考文献》
『和食の常識Q&A百科』堀知佐子・成瀬宇平（丸善出版）

その2 美しい食べ方

皆さんは、食事の時にしてはいけないことがあるのを知っていますか。例えばどんなことがありますか（発表させる）。どの意見も大切ですね。皆さんの発表してくれたことをまとめて、「食事のマナー」と言います。言ってみましょう（「食事のマナー」）。

動物も食事をします。動物に食事のマナーはあると思いますか（「ないです」）。そうですね。動物と人間とでは、食べ物の食べ方にちがいがあり、人間には人間らしい食べ方があるのです。

食事のマナーは、目上の人と一緒に食事をする時や、たくさんの人が一度に集まって食事をする時に、食事をする人同士がお互いに気持ち良く過ごすために考えられたものです。

さて、食事のマナーは、何年くらい前からあると思いますか（発表させる）。

およそ一〇〇〇年前の本に、「食事では会話をしない、話しながら食べると胸や背中が痛くなる」と書いてあります。八〇〇年前の本にも、「一度にたくさんのご飯を口に入れて、もぐもぐしてはいけない」「一粒の米も無駄にしてはいけない」と書いてあります。

他にも、昔から言い伝えられているマナーがあります。食べ物を口に含みながら会話をしたり、箸で人の方を指したりするのは避ける。お皿から食べ物を取る時にあれこれ選んで箸をふらふらさせない。丸い芋など箸で挟みにくいものを、箸をつきさして口に運んだりしない、などです。今の時代でも変わらずに守っていきたいマナーですね。

お互いに気持ち良く食事をするために考えられてきた食事のマナー。皆さんも身につけて、お互いに気持ち良く食事ができるようにしましょうね。

《参考文献》

『箸』向井由紀子・橋本慶子（法政大学出版局）

★長谷川のコーヒーブレイク

何のためにそのマナーがあるのか、その行為はなぜ禁じられているのか。意義を語るのが、私たちの仕事だ。根本は、お互いに楽しく心地良く過ごすため、であろう。給食の時間という実践の場で、楽しい形で身につけさせたいものだ。

2 日常生活をよりよくする話

11 給食についての話―給食の歴史と作る人の思い

オススメ時期⬇ 一学期、給食指導が始まったばかりの時期　**新徳目⬇** 感謝

その1 豊富なメニュー

皆さんが毎日楽しみにしている給食。給食で出される料理のうち、好きなメニューは何ですか（発表させる）。

全国でアンケートを取った結果、一位がカレーライス、二位がパン、三位が麵類でした。

反対に、嫌いなメニューは何ですか（発表させる）。

こちらは、一位が野菜類、二位サラダ、三位が魚介類でした。給食を残してしまう理由は、「きらいなものがあるから」が一番多く、次に「量が多いから」という答えでした。

そもそも、学校で給食が出されるようになったのは、今から一三〇年くらい前です。山形県の小学校で出されたのが始まりだと言われています。その時のメニューは何だったと思いますか（発表させる）。

おにぎり、塩鮭、漬物だけでした。はじめは、好き嫌いを言えないほど、とてもシンプルなメニューだったのです。

それが、今や和食はもちろん、洋食、中華、時には韓国料理も出ますね。なぜ、日本の給食は種類が豊富なのでしょうか（発表させる）。

給食を通してたくさんの食材や料理を経験してもらいたい。そんな願いがこめられているからです。

ある会社で調べたところ、各家庭のお母さんが何も見ないで作れる料理の数は、平均で一六品目でした。

それに対して、給食では一カ月間でおよそ六〇品目が出ます。主食であるご飯、パン、麵類を除けば、一カ月の間に同じものが出てくることはほとんどありませんよね。栄養士さんが皆さんにいろいろな料理を食べる経験をしてほしいと願い、栄養のバランスを考えながら一所懸命考えているのです。

昔とちがい、様々なメニューが登場するようになった給食。メニューを考えてくれた栄養士さんに感謝しながら、おいしくいただきましょう。

《参考文献》
全国学校給食会連合会ＨＰ「学校給食の歴史」／平成二二年度「児童生徒の食生活実態調査」独立行政法人日本スポーツ振興センター

その２　給食作りの仕事

皆さんは、毎日の給食を楽しみにしていますよね。その給食を、毎日欠かさず作ってくださっているのが、栄養士さんと調理員さんです。まず、調理員さんの仕事について考えてみましょう。調理員さんは、どんな仕事をしていると思いますか（発表させる）。

もちろん調理もありますが、それだけではありません。

食器、床、オーブン、冷蔵庫、壁など、それらすべてを毎日きれいにし、消毒します。食器を洗う時に使う洗剤で、手は荒れてしまいます。

また、たくさんの食材を決められた時間内に調理しなければならないため、時間との戦いです。火傷や切り傷は毎日のようにあります。使う道具も何でも特大なので、何をするにも一苦労です。

しかも、調理員さんたちは、これらの作業を長靴・白衣・マスク・帽子を身につけて行います。数百人分の食材を焼いたり、ゆでたりしている鍋や釜からは湯気がもうもうと立ち上って、サウナみたいに蒸し暑いです。冷房も効かず、汗びっしょりになりながら作っています。

一方、栄養士さんは、毎日の献立を作ります。多くの食材や料理に触れてもらうために、献立を工夫しています。栄養のバランスや焼くのか煮るのかなど調理方法も考えなければいけません。その他にも食材を注文したり、時間内に調理員さんたちが調理を終えられるように指示をしたりするのも栄養士さんの仕事です。

給食を作っている人たちに「うれしいことは何ですか」と聞いたことがあります。どんな答えが返ってきたと思いますか（発表させる）。「戻ってきた食缶が空になっていること」だそうです。毎日の給食には、栄養士さんや調理員さんの気持ちがこもっています。たとえ苦手なものがあっても、まずはひと口食べてみましょうね。

《参考文献》

『日本一の給食』佐々木十美（学研パブリッシング）

★長谷川のコーヒーブレイク

食の細い子どもに給食を強要するのは人格無視の悪行である。だが、食わず嫌いの子どもにひと口食べてごらんなさいと促すのは必要な指導である。私も学級の生徒も、学期の終わりには配膳室に御礼に行っていた。師匠の教えである。

2 日常生活をよりよくする話

12 整理整頓の語り―いる・いらないを仕分けるコツ

オススメ時期⬇ 四月、床のゴミが目立つ時

新徳目⬇ 節度・節制

その1 整理整頓のコツ

日本人が、一年間のうちに探し物をしている時間は、一人平均どれくらいか知っていますか。ある調査（なくし物に関する世界調査・Ｚｉｐｐｏ社）によると、一年間でだいたい一五時間だそうです。中でも、文房具を探す時間が多いそうです。この時間、もったいないなと思った人？

問題は、時間のことだけではありません。例えば、君たちが学校でもらった手紙をなくしてしまったとします。校外学習の手紙かもしれないし、プールに参加するための手紙かもしれません。どんな問題が起こりますか（発表させる）。

物をなくすということは、いろいろな人に、いろいろな迷惑をかけてしまう可能性があるわけです。

ずっと前に先生が担任した子にA君がいました。A君の道具箱の中や机の引き出しの中はぐちゃぐちゃ。鉛筆や消しゴムが筆箱ではなく、道具箱にそのまま入っている。手紙やプリントが連絡袋に入っていない。必要のない物も、道具箱に入っている（子どもの実態に合わせて、三つ程度、例示する）。

でも、A君はあることを意識してから、なくし物が減りました。何を意識したかというと、整理整頓です。先生は、A君に整理整頓のコツを二つ教えました。

「すぐに捨てること」と「すぐに片付けること」です。

A君は、画用紙の切れ端や消しカスを「いつか使うから」と思ってとっておいていたのですが、すぐに捨てるようにしました。

また、配られた手紙や使い終わった物を「後でいいや」ではなくて、その場ですぐに片付けるようにしました。

最初は、先生に声をかけられていたA君が、だんだんと自分でできるようになってくると、「整理整頓すると気持ちがいい」と言うようになりました。それからのA君は、ほとんどなくし物をすることなく過ごしていきました。

整理整頓、できるととても気持ち良いものです。苦手な人も、ぜひチャレンジしてみましょう。

《参考文献》『Ｚｉｐｐｏ』http://www.zippo-japan.com/

その2　整頓を大切にしている会社

「整理整頓しなさい」とか「きちんと片付けなさい」とか、言われたことがある、または聞いたことがある人？

整理整頓をすることで、どんないいことがあるのでしょうか。隣の人と話し合ってごらん（発表させる）。

整理整頓を大切にしている「武蔵野」という会社があります。武蔵野は、頼まれた家の掃除をしたり、プロが使う掃除用具を貸し出したりしている会社です。

武蔵野では、掃除用具や文房具などを置く場所や置く向きまで決まっていて、整理整頓を徹底的に行っています。どんな整理整頓をしているのかを見に、他の会社から、これまでに二万人以上の人が来ました。

武蔵野の社長さんは、「整理整頓に力を入れることで、社員の能力が上がる」と言います。なぜでしょうか。

「整理整頓」の「整理」とは、いる物といらない物に分けて、いらない物を捨てることです。つまり、整理を心がけることで、本当に必要な物だけを残す力、物事を見極める力がつくのです。どれが大切な仕事なのかを見極めて、そこに力を注ぎ込むことができるから、儲けを出せるようになるのです。

「整理整頓」の「整頓」とは、物をすぐに使えるように、置き場所を決め、物をそろえて置くことです。新しい物を買うと、物の置き場所も変えていきます。もちろん、使ったらすぐに戻します。次に使う時に便利なように、です。

皆さんはどうですか？　整頓できていますか？

このような整頓を心がけることで、無駄なく、効率よく活動できるように考えたり、工夫したりする力が付きます。それが、いい仕事をすることにつながっていくのです。

皆さんも、日々、整理整頓を心がけることで、見極める力、考える力、工夫する力を高めて、よりよい生活を送っていけるといいですね。

《参考文献》
『小さな会社の儲かる整頓』小山昇（日経BP社）

★長谷川のコーヒーブレイク

まずは教師が教卓の周囲を整えることだ。不要になったプリント類を捨てる行動を、意図的に見せるのもよい。やってみせ、やらせてみる。そして、褒める。これは教育の原理原則である。

13 忘れ物を減らす──繰り返される時の語り

オススメ時期⬇ 学級の中で、忘れ物が増え始めた時

新徳目⬇ 節度・節制・正直・誠実

その1 忘れ物が増え始めた時の語り

授業では、たくさんの物を使います。赤鉛筆、下敷き、定規、教科書などです。時には、忘れてしまうこともありますが、忘れ物が多い人は要注意です。

忘れ物が多いと、誰が困るでしょうか（発表させる）。まず困るのは本人です。勉強で必要な物を忘れると、授業に参加できないし、探す時間ももったいないです。

困るのは本人だけではありません。例えば、鉛筆を削ってくることを忘れ、授業中に「鉛筆を削っていいですか」と言うと、授業はどうなりますか？（「授業が途中で止まります」など）。授業を中断させ、勉強を一所懸命にしたい人の時間を奪ってしまうのですね。

忘れ物をしないようにするためには、工夫が必要です。どんな工夫ができるでしょうか（発表させる）。

例えば、これを使います。何ですか（ふせんです）。連絡帳を書いたページにこのふせんをはります。家に帰り、次の日に使う物を準備できたら、このふせんを取ります。「はったものをはがす」という分かりやすい作業があると、忘れにくくなります。

もう一つ、忘れ物をしないようにするための方法を紹介します。それは、入れる場所を同じにすることです。

連絡帳は、連絡袋に入れます。もらった手紙も連絡袋に入れます。家に帰ったら、まずこの連絡袋ごと、家の人に渡すのです。家で、連絡袋を置く場所も決まっている人？　そのような人は、忘れ物が少ない人です。

もちろん、そうやって工夫しても、忘れてしまうことがあります。その時は、授業が始まる前までに必ず申し出ましょう。また、忘れた物を必ず赤鉛筆で連絡帳に書いて、帰ったらすぐに準備できるようにするといいですね。

今お話ししたことを意識して、忘れ物のない、気持ちのよい生活をしていきましょう。

《参考文献》
『発達障がいの子がいるから素晴らしいクラスができる！』小野隆行（学芸みらい社）

その2　大人の忘れ物エピソード

先生も時々忘れ物をします。ただ、いろいろ工夫をすることで、昔よりは忘れ物が減りました。

先生が実際に行っている、「忘れ物を無くす方法」を二つ紹介します。

一つ目は、一日の流れを確認することです。

皆さんだったら、時間割表ですね。一時間目から六時間目の時間割を簡単に頭に浮かべます。

そのようにすると、必要な物が思い浮かんできますね。その時、すぐにノートなどに書きます。

自分が書いた物を準備できたら、その項目に印をつけます。準備できた物をチェックしていくと、残っている物が分かり、忘れ物がぐっと減るのです。

二つ目は、必要な物を玄関に置いておくということです。準備することはしたけど、持ってくるのを忘れてしまったということはないですか。先生は時々あります。

そこで用意した物を前の日に玄関に置いておくようにしました。朝慌てても、靴を履く時に気づくので、持って行くことを忘れなくなりました。皆さんなら、ランドセルのすぐ横に置いておくなどするといいでしょう。

大切なことは、「見えるようにすること」です。メモに残す、ふせんをはる、玄関の見えるところに置くなど、いつでも目に入るようにしておくと、忘れにくくなります。

さて、忘れ物を減らす努力をすることは大切です。しかし、どんな人でも、忘れ物はするものです。

もし忘れた時には、正直に言いましょう。正直に申し出ることで、貸し出せる物もあります。お隣の人に見せてもらえるかもしれません。困った時はお互い様です。

できる限り忘れ物をしない努力をし、何か忘れた時は、お互い気持ちよく過ごせるよう、正直に話をして助けを求めましょう。

《参考文献》
『あなたのその「忘れもの」コレで防げます』芳賀繁（ＮＨＫ出版）

★長谷川のコーヒーブレイク

大人だって忘れ物をするのだから、子どもがするのは当然である。この心構えが大切だ。叱って良くなるのなら、とうの昔に解決している。子ども個々の特性に配慮した指導を重ねつつ、それでも忘れたなら快く貸し出せば良いのだ。

2 日常生活をよりよくする話

14 挨拶の意味―相手に気持ちを伝える大切さ

オススメ時期↓ 挨拶の大切さを教えたい時

新徳目↓ 礼儀・国際理解・国際親善

その1 挨拶の意味

皆さんが知っている挨拶の言葉。ご近所さんとできるだけたくさん言い合いましょう（「おはよう」「こんにちは」「こんばんは」「さようなら」などが出る）。

挨拶の言葉を漢字にすると、意味が分かりやすくなります。例えば、「こんにちは」。漢字だとこのように書きます（「今日は」と板書する）。

なぜ「今日は」が挨拶の言葉なのでしょうか。実はこの言葉の後ろには、別の言葉が隠れているのです。どんな言葉が隠れていると思いますか。隣の人と相談しましょう（発表させる）。

この後には「いい日ですね」「ご機嫌いかがですか」「お元気ですか」などの言葉が隠されていると言われています。

くっつけて「こんにちは、いい日ですね」と、自分の周りの友だちと挨拶しましょう。

言ってみて、どんな感じがしましたか（感想を発表させる）。

普段言わないので変な感じがしますね。でも本当はこのように、相手にとっても自分にとっても、「今日がいい日になりますように」という意味が含まれている言葉なのです。

「こんばんは」も同じです。漢字だと「今晩は」と書きます（板書する）。つまり「今日の夜は」ということです。その後ろには「いい夜ですね」などの言葉が隠れています。

「おはよう」も、漢字では「お早う」と書きます（板書する）。「朝早くからがんばっていますね」のように、自分よりも早くからがんばっている人に、後から来た人が使っていた言葉なのです。

これらの言葉が短くなって、今の挨拶になっています。だから皆さんが挨拶をする時には、相手にとっても自分にとっても素敵な一日になるように、気持ちを込めて言えるといいですね。

ぜひ、今日からの挨拶に生かしてください。

《参考文献》

『世界のあいさつ』長新太・野村雅一（福音館書店）

その2 世界と日本の挨拶のちがい

挨拶をする時、日本では頭をペコっと下げることが多いですね。この動きを「お辞儀」と言います。

昔、お侍さんがいた頃には、家の中に畳の部屋がたくさんありました。その部屋で、身分の高い人に対して、座ってお辞儀をしていました。そうした歴史から、日本では今でも頭を下げる挨拶の仕方が受け継がれています。

日本以外の国では、挨拶の時に頭を下げてお辞儀をしていると思いますか。していないと思いますか（挙手させる）。

例えば、アメリカやヨーロッパの人たちは、挨拶をする時に握手をすることが多いです。また、お互いに抱き合う「ハグ」という動作もあります。

ブラジルに住んでいる人の中には、自分のほっぺたを相手のほっぺたに当てる動作をする人たちもいます。

挨拶の仕方は国によってちがいます。皆さんも、他の国の挨拶の仕方を聞いてビックリしたり、「変だな」「不思議だな」と思ったりしたでしょう。同じように、私たちがしているお辞儀も、他の国の人たちからすれば「変だな」「不思議だな」と思う動作なのです。

明治時代、日本にたくさんの外国の人が来るようになり、ご先祖様が苦労したことがあります。

日本を訪れた外国の人たちは、挨拶の時に握手を求めるのですが、目上の人や女性からするのがマナーでした。しかし、日本では目上の人や女性から挨拶をする文化はありませんでした。だから最初は、間違えてしまうこともありました。でも、少しずつ慣れていきました。挨拶は相手のことを大切に思ってするものです。きっと明治時代の人たちは、外国から来た人たちに心を込めて挨拶をするために、相手のやり方に合わせた挨拶をしようとしたのですね。

これからを生きる皆さんは、いろいろな国の人と関わることが増えてきます。自分たちとちがう文化を持っていても、そのちがいをも大切にしてあげてくださいね。

《参考文献》

『世界のあいさつ』長新太・野村雅一（福音館書店）

★長谷川のコーヒーブレイク

私は目の前の子どもたちに、将来どこに行っても、どんな仕事をしても、可愛がられる人間であれと語っている。可愛がられる条件の第一が、素直さである。素直さは、まず、挨拶に表れる。自分から、笑顔で、快活に、が鍵である。

15 時を守る―どっちの方が悪い？ 一分の遅刻と一時間の遅刻

オススメ時期⬇ 時間を守る大切さを伝えたい時

新徳目⬇ 節度・節制・礼儀

その1 世界から称賛される「時間を守る文化」

外国の人が日本に来ると、びっくりすることがあります。何だと思いますか。周りのお友だちと話してみましょう（発表させる）。

様々なことがありますが、その中でも多いのは「日本人が時間に正確である」ということです。

例えば、電車です。日本の電車はとても時間に正確です。事故や突然のトラブルがない限りは、一分もずれることなく、時刻表通りに駅に到着します。これは、私たち日本人にとっては当たり前のようですが、外国の人からすると、とてもびっくりすることなのだそうです。

例えばアメリカのニューヨークでは、何のアナウンスもなく電車が三〇分遅れることもあります。イギリスでも、一〇分くらい遅れることは当たり前なのだそうです。

だから、五分遅れただけでも駅のホームでアナウンスが入り、電車の遅れを謝って歩く鉄道会社の人の姿を見てびっくりするのだそうです。

遅れた時だけでなく、出発が早すぎたことを謝ったこともありました。その時は、予定より二〇秒だけ早く出てしまったのだそうです。感想をどうぞ（発表させる）。

ではなぜ日本の電車はこんなにも時間に正確なのでしょうか。予想してごらん（発表させる）。

その一つは日本の技術力です。最先端のコンピューターを使って電車の状況を把握して、一分一秒遅れないように調整しています。

そして、もう一つは、日本人が「時間を守る」ということに対して意識が高いということです。「時間を守らないと待っている人に迷惑がかかる」「待っている人のために時間通りに着くのが当たり前」という、待っている人を思いやる気持ちが心の根っこにあるのです。

この、日本では当たり前の意識が、高い技術力とあわさって、世界最高レベルの正確さにつながっているのです。

毎日たくさんの人々を運ぶ電車。電車一つとっても、日本の素晴らしさが分かりますね。

その2　一分の遅刻、一時間の遅刻

お友だちや先生と約束をした時、時間に遅れてしまうことがあります。「遅刻」と言います。お友だちに「遅刻」されたことがある人はいますか？（挙手させる）

その時、どんな気持ちになりましたか？（発表させる）

さて、この遅刻ですが、「一分遅れてしまう遅刻」と「一時間遅れてしまう遅刻」、どちらがダメだと思いますか。

一分だと思う人？　一時間だと思う人？（挙手させる）

答えは「一分の遅刻」なのです。なぜだと思いますか？

予想をお友だちと話し合ってみましょう。

なぜかというと、一時間も遅刻するということは、電車が止まってしまったとか、何か急な用事が入って家を出ることができなかったとか、大きな理由があることがほとんどだからです。

では、一分だけ遅刻してしまったという場合にはどんな理由が予想されますか？　お友だちと話してたくさん考えてみましょう。

（発表させる。「家を出るのがちょっと遅れてしまった」「忘れ物をして取りに帰った」など）

一分の遅刻というのは、自分がちょっとだけ気をつけたり、心がけたりしていれば防げた遅刻がほとんどなのです。

「一分の遅刻」の原因は、「ちょっとくらい、いいかな」という自分の心のゆるみです。だからこそ、余計に相手に失礼なのです。

だからといって、もちろん「一時間の遅刻なら、してもしかたがない」ということではありません。待っている人のことを考えて、余裕を持って動くのがいいですね。

これから皆さんもたくさんの人といろいろな約束をするでしょう。時間をしっかりと守って、相手のことを大切にして、つきあっていきましょうね。

《参考文献》

長谷川博之研究物

★長谷川のコーヒーブレイク

森信三先生の教えである「時を守り、場を清め、礼を正す」。職場再建の三原則と称される教えの、その第一番目が「時を守る」であることには、深い意味がある。教室で、部活で、私もまずは、時を守ることを徹底する。

16 いじめを許さない語り―自殺に追い込まれた子の手紙

オススメ時期↓ 四月、学級の始まりにあたって

新徳目↓ 公正・公平・社会正義

その1 いじめの定義を教える

皆さんが学校に来るのは、勉強して賢くなったり、友だちと仲良く遊んだりするためですよね。学校生活を通して成長していくためです。

しかし、全国的に見れば、残念ながら、叩かれる、蹴られる、悪口を言われる、嫌がらせをされるなど、毎日いじめられ、そのことが嫌で自分から命を絶ってしまう子どももいます。

さて、「いじめ」とは、何をすることでしょうか（発表させる）。外国では、「これに当てはまればいじめだ」とはっきりさせている国があります。次の四つです。

① 一方的か。
② 何度も繰り返されているか。
③ 一人の子だけがねらわれているか。
④ やられている子がつらい思いをしているか。

やっている側が「そんなつもりはない」と言っても関係ありません。やられた側が「いじめられている」と思えば、あるいは見ている人が「いじめだ」と思えば、それはいじめなのです。

また、相手を無視する、叩く、蹴る、悪口を言う、仲間外れにする、物を隠すなどは、どれも、警察に捕まる犯罪です。子どもであっても許されるものではありません。何より、友だちの心を、時には命さえも壊します。だから、私たち大人は、絶対にいじめを許さないのです。

もう一度、日頃の生活で、嫌な思いをしている友だちがいないか、考えてみてください。

いじめが起こっている時には、三つの立場の人がいます。いじめる人、いじめられている人、そして見ているだけの人です。

いじめる人がいなければ当然いじめは起こりません。また、いじめが起こった時に、周りで見ていた人が「やめなよ」と言って止められたら、いじめは止まります。

皆さんでこの一年間、いじめがない、楽しいクラスを作っていきましょう。

その2 遺書を読み聞かせる

ある人が書いた手紙を読みます。

「最近生きていくことが嫌になってきました。クラスでは『貧乏』や『泥棒』と言う声がたえず響いていて、その時は悲しい気持ちになります。それがもう三年間も続いていて、もうあきれています。それに、毎日おもしろおかしくそいつらは笑っているのです。そういうことでこの度死ぬことを決意しました。私が、死んだ後の物は○○と○○（弟二人の名前）で分けて下さい。○○と○○は僕の分まで長生きして、いい職について下さい。いつも空から家族を見守っています。さようなら　いままで育ててくれてありがとう　母さん父さん　By○○（子どもの名前）」

この人は、この手紙を書いた後、自分で命を絶ちました。

別の人が書いた手紙を読みます。

「学校のみんなへ　この手紙を読んでいるということは私が死んだということでしょう。私は、この学校や生徒のことがとてもいやになりました。それは、三年生のころからです。なぜか私の周りにだけ人がいないんです。五年生になって、人から「キモイ」と言われてとてもつらくなりました。六年生になって私がチクリだったのか差べつされるようになりました。それがだんだんエスカレートしました。一時はおさまったのですが、周りの人が私をさけているような冷たいような気がしました。（中略）

六年生のみんなへ　みんなは私のことがきらいでしたか？きもちわるかったですか？　私は、皆に冷たくされているような気がしました。それは、とても悲しくて苦しくて、たえられませんでした。（後略）」

今読んだ手紙は、いじめを苦に自殺してしまった人の遺書です。このような悲劇を生むのが「いじめ」なのです。

ここまでの話を聞いて、思ったことをこの紙に書きなさい（紙を配る）。

《参考文献》

『いじめ自殺　12人の親の証言』鎌田慧（岩波書店）他

＊一部、表記を修正しています。

★長谷川のコーヒーブレイク

「いじめ」という曖昧模糊とした言葉を遣うから、事態も有耶無耶になる。私はこの言葉を遣わない。すべて刑法の罪名で語る。学校の中だから許される。そんな理不尽を許さない気概が、教師には必要なのだ。

2 日常生活をよりよくする話

17 服装を正す―身だしなみの乱れが招いた「負け」を語る

オススメ時期⬇ きちんとした服装をすることの大切さを伝えたい時 **新徳目⬇** 規則の尊重・礼儀・節度・節制

その1 正しい身だしなみ

二〇〇一年、サッカーの一七歳以下の日本代表が、ヨーロッパの試合に出かけました。日本チームの選手たちは、ドイツ・フランス・イタリアなど、外国の選手たちと同じホテルに泊まっていました。

日本代表の田嶋監督が朝ごはんを食べに食堂に行きました。すでに他の国の選手や監督が朝ごはんを食べているところでした。どの国の選手も田嶋監督を見ると、笑顔で挨拶をしてきました。

少ししてから、日本代表の選手たちも食堂にやってきました。ここで、田嶋監督は、あることに驚きます。何に驚いたのだと思いますか（発表させる）。

それは、他の国の選手と、日本代表選手の身だしなみのちがいでした。他の国の選手たちは、皆、寝癖を直し、髪の毛を整えていました。また、すぐに出発できるようにチームお揃いのシャツを着て、上着の裾はズボンの中にきちんとしまっていました。当然、スリッパではなく靴を履いてきていました。

一方、日本代表選手は、ボサボサの寝癖のまま、靴ではなくスリッパを履いていました。田嶋監督が「おはよう」と言うと、「ちーっす」と返す選手がほとんどでした。この瞬間に監督は、「勝負あったな」と思ったそうです。身だしなみの面で負けているチームが試合で勝てるわけがない。実際の試合も日本は大差で負けてしまいました。

この経験から田嶋監督は、身だしなみについても、日本代表の選手たちに厳しく言うようになりました。身だしなみが良くないということは、気持ちが乱れているということです。それを整えることによって、気持ちが整い、練習の質も上がり、日本代表はより強くなっていきました。

小学生の皆さんは、制服など決まっていませんが、洋服の着方、帽子のかぶり方、上履きのはき方など、身なりを整え、気持ちを整え、よりよい学校生活を送れるようにしましょう。

《参考文献》『「言語技術」が日本のサッカーを変える』田嶋幸三（光文社新書）

その2　制服の意義

世の中で働いている多くの人が、「制服」や「ユニフォーム」など決まった服装で働いています。例えばどんな仕事をしている人ですか（発表させる）。

今、皆さんが発表してくれた以外にも例はたくさんあります。日本にある会社や団体の九割が、制服やユニフォームを着用しているという調査結果があるくらいです。

では、日本ではなぜ、多くの仕事で制服を着ることになっているのでしょうか。

一つ目は、制服の着用によって、その会社・団体の一員であると表現できることです。

例えば、看護師や医師は白衣を着ています。これで患者さんと看護師や医師との区別がつきやすくなります。病院に行った時に、看護師や医師と患者さんの区別がつかないと困りますよね。

二つ目は、仕事の特性に適しているということです。

例えば物を作る時にたくさんの道具が必要な工場の場合は、ポケットがたくさんついた制服を着ています。また清潔な環境で働く仕事は白衣などを着ています。

三つ目は、制服を着ることで、その仕事に対する自覚と集中力を高めることができることです。

新幹線の清掃をするテッセイという会社があります。この会社の清掃員はかっこいい真っ赤なユニフォームを着ています。清掃という地味な仕事ですが、カッコいいユニフォームに袖を通すことで、仕事に対する誇りが生まれ、やる気アップにつながっているそうです。

制服には、その集団の一員であることを表す効果だけではなく、仕事をする人のやる気を高める、また仕事をやりやすくする効果も込められているのです。皆さんも、体育で体操着に着替えたり、陸上大会でユニフォームを着たりする機会があります。正しく、かっこよく着こなせるといいですね。

《参考文献》
『奇跡の職場　新幹線清掃チームの働く誇り』矢部輝夫（あさ出版）

★長谷川のコーヒーブレイク

ユニフォームを着る三つの意義。小学生にも十分理解できる語りである。サッカー日本代表のエピソードは、少し古いものだが、子どもの心への浸透力を持っている。私も何度となく語って聞かせた。

18 教室に増やしたい言葉―人の心に灯がともる一言

オススメ時期⬇ 身近な言葉の大切さに気づかせたい時

新徳目⬇ 思いやり・親切・正直・誠実

その1 ありがとうと当たり前

皆さんは、最近誰かに「ありがとう」と言ったことがありますか。その場面を近くの人に言ってみてください（「友だちに助けてもらった時」などが出る）。

「ありがとう」と言うと、相手に喜んでもらえるし、言った自分も嬉しくなりますよね。

では、「ありがとう」と反対の言葉はなんでしょうか。近くの人と相談してみましょう。少し難しいのでヒントです。「ありがとう」を漢字で書くとこうなります。黒板に「有り難う」と書く。「有る」ことが「難しい」、つまり、「あまりない」ということです。

「ありがとう」の反対の言葉は、「当たり前」です。電気、水道、家、家族、仲間など、皆さんにとって、これらは当たり前かもしれません。

しかし、こういったことが当たり前ではない人たちがたくさんいます。どんな人たちだと思いますか（発表させる）。

外国では、水道水が飲めない所がほとんどです。学校に行けない人がたくさんいるところもあります。

本当は、そろっていないことが「当たり前」で、これらがそろっていることが「有り難い」ことなのです。

助けてもらった時や、プレゼントをもらった時にだけ、「ありがとう」という気持ちを持つのではなく、普段から「当たり前」と思っていることにも「ありがとう」の気持ちを持てるといいですよね。

そのためには、小さなことにも「ありがとう」と言ってみましょう。ご飯を作ってくれてありがとう。物を拾ってくれてありがとう。言える場面はたくさんあるはずです。

まずは自分が言う。そして、人から言ってもらえるようになれば、お互いに幸せです。

人から「ありがとう」と言われるには、どんなことをする必要がありますか。近くの人と考えてみましょう（「友だちを助ける」「当番を手伝う」などが出る）。

周りの人を喜ばせる行動ができるといいですね。この教室に「ありがとう」を増やしていきましょう。

その2　「おすそ分け」と「おめでたい」

皆さんは、お正月に「明けましておめでとうございます」と言いますよね。これは一年の始まりを喜んで言っていることです。「おめでとう」は「おめでたい」という形でも使われますよね。

では、それぞれの意味を細かく考えていきます。

「めでたい」は、ほめる、感謝するという意味で使われていた「愛（め）づ」（板書）という言葉がもとになっています。そして「たい」は、ものすごいという意味の「甚し（いたし）」（板書）という言葉がもとになっているのです。

その二つがくっついて「めでいたし」となり、それが省略されて、「めでたい」という言葉になったのです。

また、「おすそ分け」という言葉を知っていますか。「いただいた品物を他の人にも分ける」という意味で、よく使われています。しかし、その使い方は間違っています。「おすそ分け」は、服の端っこの部分である裾（すそ）を分け与えるという意味です。裾のように使えない、つまらないものを分け与えるというのが、「おすそ分け」の意味です。「おすそ分け」は誰かからのいただきものを分ける時に使うと失礼な言葉なのです。では、何と言えばいいのでしょうか。

「お福分け」です。日本人は大昔から食べ物をお供え物として神様に捧げてきました。「お福分け」は、神様に捧げた縁起の良いお供え物を周りに分け与える、というのがもとの意味です。何かをいただいた、その時の感謝を一緒に分ける気持ちが「お福分け」という言葉に込められているのです。

教室でも「お福分け」をすることができます。物をあげるのではなく、何かしてもらったら、その行為を返してあげたり、自分がうれしい気持ちである時に人が喜ぶであろうことを進んでしてあげたりすることです。そうすると、自分だけではなく、周りも幸せになりますよね。

《参考文献》
『中学生にジーンと響く道徳話100選』長谷川博之（学芸みらい社）

★長谷川のコーヒーブレイク

「ありがとう」と言うのは無論大切である。それよりもさらに大切なのが、「ありがとう」と言われることである。一日に四回以上「ありがとう」と言われよう。そんな「ありがとうゲーム」を教室で実施してみたらいい。私はやってきた。

19 言葉を変えれば環境が変わる―口癖の大切さを教える語り

オススメ時期↓ 前向きになることの大切さを伝えたい時

新徳目↓ 正直・誠実・感謝

その1 ついてる！

「言霊」という言葉を知っていますか。「言葉には、口にしたことを現実にしてしまう力がある」という考え方です。

例えば、こんな言葉を耳にしませんか。「ついてない」「私ばっかり言われる」「あいつは許せない」「もういやだ」「自分は駄目だ」などなど。このような、人の心を暗くする言葉を「地獄言葉」と言います。

「地獄言葉」を使うと、それが現実になり、言った人にはさらに嫌なことが降りかかると言われています。聞いている人も、良い気持ちはしませんよね。

逆に自分の心も周りの心も明るくするような言葉を「天国言葉」と言います（児童に言わせる）。

自分も周りも明るくする「天国言葉」にはどんな言葉があるでしょうか（発表させる）。

「銀座まるかん」という、とっても大きな会社の社長である斎藤一人さんは、「愛してます」「ついてる」「うれしい」「楽しい」「感謝してます」「幸せ」「ありがとう」「許します」などの言葉を天国言葉と呼んでいます。

たとえば、外を歩いていて何かが落ちてきた。その時、「なんてついていないんだろう」ではなく、「頭に当たったら大事故になっていた。足元で良かった。ついてる」と言うと、何だか気持ちが軽くなりませんか。

自分が楽しいと思っている時に、「ついてる」と言って、つらい時には「つらい」と言う。これは簡単ですよね。でも「つらい」時にも「ついてる」と言ってみると、少し気持ちが楽になります。これが、言霊の力なのです。

さらに、「『ついてる』と言っていると、たくさんの良いことが起こり始める」と一人さんは言います。

例えば、道を歩いていると、石につまずいてころんでしまいました。そんな時、何と言えばいいですか（発表させる）。

皆さんの言葉の使い方によって、自分も周りも明るくすることができます。ぜひ意識してください。

《参考文献》
『ツイてる！』斎藤一人（角川書店）

その2 リフレーミング

こんな話があります。その日はとっても暑い日でした。コップの中にジュースが半分入っています。皆さんはそのジュースを見て何と言いますか（発表させる）。

ある人はそれを見て、「ジュースがあと半分しかない」と言いました。また、ある人は「ジュースはまだ半分もある」と言いました。つまり、同じ状態でも、その人の受け取り方次第で正反対の感想になるのです。

同じ経験であっても、こちらの気の持ち方や考え方を変えることで、それが良いことにも悪いことにもなります。一瞬とても嫌なことだと思えても、見方を考えてみると良いところが見つかる。これを「リフレーミング」と言います。捉え直しというような意味です。

皆さんは、「赤鼻のトナカイ」というクリスマスの歌を知っていますか。あの歌に出てくるトナカイは、自分の鼻が赤いことが最初は嫌だと思っていました。しかし、その鼻が夜道を明るく照らすのにとても役に立つとサンタクロースに褒められます。自分が良くないと思っている所も、見方や考え方によっては良い所になる。そんな例の一つです。

では、実際にリフレーミングをやってみましょう。あなたは友だちとケンカをしてしまいました。この時、どのように考え、次の行動を選べばいいのでしょうか。近くの人と話してみましょう（発表させる）。

友だちとケンカをするのは、互いに言いたいことがあるということです。ケンカをしてしまった時は、悪口を言ったり愚痴ったりするよりも、相手の言い分に耳を傾け、じっくり考え合う良い機会だと捉えてみてはどうでしょうか。相手のことを考え、互いに歩み寄り、仲直りをすればそれまでよりも仲良くなれるはずです。

うまくいかないことがあったら、その出来事の良い面はないかとぜひ探してみてください。

《参考文献》

『一瞬で自分を変える法』アンソニー・ロビンズ（三笠書房）

★長谷川のコーヒーブレイク

斎藤一人氏には三度お会いしたことがある。その魅力的な考え方と、聴く人の心に火を灯す語りに大いに惹きつけられた。以来、自分の発する言葉により注意を向けるようになった。子どもたちにも毎年語って聞かせている。

20 人間関係の質を高める――友情の何たるかを教える語り

オススメ時期⬇ 友情の大切さを教えたい時

新徳目⬇ 友情・信頼・正直・誠実・公正・公平・社会正義

その1 友情のメダル

一九三六年にドイツのベルリンで開催されたオリンピック、その棒高跳びの決勝でのことです。残っていたのは、西田修平、大江季雄という二人の日本人選手と二人のアメリカ人選手のあわせて四人でした。

その決勝で優勝し、金メダルを獲得したのはアメリカの選手でした。日本人の西田選手、大江選手の記録は、ともに四m二五で二位。普段ならもう一度決定戦を行って二位を決めます。しかし、その日は雨風が強く、五時間以上跳び続けていた二人は疲れきっていました。どうやって、順位を決定したと思いますか（発表させる）。

話し合いで順位を決定することになりました。

最初は、先に四m二五を跳べた西田選手を銀メダル、次に跳べた大江選手を銅メダルにしようと意見が出ました。

しかし、西田選手は「自分は銅メダルでよい。前回のオリンピックで銀メダルをとっている。だから、次のオリンピックで金メダルをとり、金、銀、銅すべてをそろえる」と言いました。結果として西田選手が銅メダル、大江選手が銀メダルとなりました。

帰国後、西田選手のもとを大江選手が訪れます。「やっぱり西田選手が銀メダルを持つべきだ」と。困った西田選手は、ある提案をしました。どんな提案でしょうか。

「二つのメダルを半分ずつに割って、銀メダルと銅メダルをくっつけて、それを二人で持とうよ」

こうして、銀と銅、半分ずつをつなぎ合わせた二つのメダルが生まれました。その後、このメダルは「友情のメダル」と言われるようになりました。

オリンピックでは、互いにすべての力を出し合ったからこそ認め合う、友情や感動のドラマがあります。

このクラスでも、一人ひとりがそれぞれの場面で精一杯動き、互いのがんばりを認め、相手を思いやる気持ちが高まっていくといいですね。

《**参考文献**》『オリンピック・パラリンピック学習読本』（東京都教育委員会）

その2　石田三成と大谷吉継

戦国武将といえば、誰を思い浮かべますか（発表させる）。

戦国時代、様々な武将が自分の領土を広げるために戦っていました。そんな時代に友情を大切にした武将がいました。大谷吉継《よしつぐ》と石田三成《みつなり》です。二人とも豊臣秀吉に仕えていた武将でした。

吉継は優秀な武将でしたが、ハンセン病という病気で顔が腫れあがっていたそうです。

今とちがい知識がない時代、多くの武将が「伝染するかも」と吉継を避ける中で、三成だけが気軽に接していました。それ以来、吉継は三成との友情を感じるようになります。

主君の秀吉は三成と吉継が一緒に仕事をする機会を多くしました。仕事はできるのですが、コミュニケーションがいまいち苦手だった三成のサポートを吉継にお願いしたのです。吉継と三成は、互いに助け合いながら秀吉のために働き続けます。

その後、秀吉が亡くなり、多くの武将が天下統一に動き出しました。そこで起こったのが、関ヶ原の戦いです。

一六〇〇年、関ヶ原の戦いで、三成は当時、最も目立っていた武将である家康と対立することを決めます。

三成は吉継に「一緒に戦ってほしい」と伝えました。それを聞いた吉継は、「勝てる見込みがない」と何度も言い、その誘いを断り続けました。しかし、三成が気持ちを変えないことを知り、吉継は三成と組んで戦うことにしました。負けること、死ぬことを覚悟して、です。

吉継は、病気が進んで、すでに目が見えなくなっていましたが、たくさんの作戦を立て、家康側の兵を圧倒します。最後には負けてしまうのですが、最後の最後まで三成を勝たせるため、戦い抜きました。

勝てる見込みがなくても、親友の味方となって戦い抜いた大谷吉継と、病気であろうと決して差別しなかった石田三成。彼らの友情は今でも語り継がれています。

《参考文献》

『別冊歴史REAL　大谷吉継と石田三成』（洋泉社）

★長谷川のコーヒーブレイク

親友がいないと悩む思春期の子どもは多い。そもそも親友とはどんな存在なのか。確たる定義はない。ここに収められたようなエピソードをたくさん取り込んで、自分なりの定義を作っていくしかない。その手伝いなら教師にもできる。

21 私物も公共物も大切に扱おう―身近な物に感謝する語り

オススメ時期⬇ 五月、落し物が増えた時　**新徳目⬇** 感謝

その1 鉛筆ができるまで

皆さんが勉強する時に欠かせない鉛筆、どこで作られているか知っていますか？　外国で作られている鉛筆もありますが、多くは国内の工場で作られています。

作っているのは国内ですが、材料は部分部分でちがいます。鉛筆の芯の部分は「黒鉛」と呼ばれる物質です。中国、ブラジルなどの外国から日本に来ています。山の中にトンネルを掘って採ります。何百ｍも掘り進んで、ようやく黒鉛が採れる場所にたどり着くそうです。

山の中はとっても蒸し暑く、崩れる危険もあります。また、黒鉛の粉を吸うことは体に良くないので、十分に気をつける必要があります。

そうやって採り出した黒鉛を粘土と混ぜて焼くことで鉛筆の芯が出来上がるのです。

芯を包んでいる木は、アメリカやカナダから来ています。森の中にある高さ三〇ｍ、直径一ｍほどの木を切り倒します。切り倒した木は、大型トラックで運べるサイズに切り分けて運びます。その後、木の皮をむいて乾かします。どれくらいの間乾かすと思いますか（発表させる）。

一年ほどかかります。乾かした後は、一九㎝ほどの長さの板に加工して、ようやく日本へ運び出せます。大きな木からは、鉛筆一五万本分もの材料が取り出されるのだそうです。

それぞれの材料は、船で何日もかけて日本へと運ばれます。さらに船からトラックへ移されて、ようやく工場にたどり着きます。鉛筆の形に削られて、何度も塗装され、仕上がりをチェックしてから箱に詰められていきます。

皆さんが使っている鉛筆一本でさえ、多くの人が関わってようやく完成するのです。ぜひ、一本一本大切に使いましょう。

《参考文献》

『いっぽんの鉛筆のむこうに』谷川俊太郎（福音館書店）

その2 イチローのバット

イチロー選手は、世界的に有名な野球選手です。野球の本場アメリカに渡って、数々の記録を打ち立てました。

そのイチロー選手のある行動が、他の野球選手からも注目されています。

それはヒットを打った後の行動です。

普通の選手は、ヒットを打った後、持っていたバットを放って走ります。豪快な選手だと、ポーンと放り投げてしまう選手もいます。

一方、イチロー選手はバットをそっと置きます。もちろん、ヒットを打った後は急いで走らなければいけないのでゆっくりと置いている暇はありません。ですが、バットを上から落としたりせず、片面を地面につけるようにそっと置いて走ります。

また、バットを持ち運ぶ時は必ず、四角い頑丈なケースに入れて、宝物のようにして大切に持ち歩いています。

なぜそこまで大切に使うのでしょうか。

イチロー選手の言葉です。

「このバットを作ってくれた人たちのことを考えれば、このバットを作るための彼らの労力を考えれば、（投げたり雑に扱ったりすることが）どれだけ無礼なことなのかわかるでしょう」

イチロー選手を始め、プロ野球選手のバットは、職人さんが手作りで作っています。バットは一㎝でも太さや長さが変わると、使い心地が大きく変わってしまうそうです。名人が作るバットは、一本一本が〇・一㎜しかちがいません。それくらいていねいに作っているのです。

バットを作っている人の努力や想いに感謝しているからこそ、イチロー選手はバットを大切に扱うのです。

そんなイチロー選手だからこそ、偉業を達成できるのでしょう。

イチロー選手が小学生のための野球教室を開いた時、上達するコツとしてアドバイスするのが、「道具を大切に扱うこと」です。自分の使う一つ一つの物を、皆さんもぜひ大切にしていってくださいね。

《参考文献》
『日本の職人技』永峰英太郎（アスキー新書）

★長谷川のコーヒーブレイク

イチロー選手のメンタリティと行動を、ぜひ子どもたちにも伝えたい。一流の人間の所作に、学ぶことは多々ある。「職人」の仕事に学び、日常の一挙手一投足の質を高めていきたいものだ。

22 甲子園感動エピソード—何をやってもうまくいく人

オススメ時期↓ 応援してくれる人・仲間の大切さを伝えたい時

新徳目↓ 親切・思いやり・感謝・礼儀

その1 花巻東高校

岩手県、花巻東高校。硬式野球部は二〇〇九年春の選抜高校野球大会で準優勝し、続く夏の甲子園ではベスト4に入りました。花巻東高校硬式野球部の生徒たちが遠征先でホテルに泊まると、そのホテルの従業員がびっくりすることがあります。何だと思いますか？（発表させる）

それは、選手が出た後の部屋がとてもきれいなことです。

ホテルの方が「花巻東の使った後は掃除が要らないくらいきれいだ」と喜ぶほどに、選手たちは部屋をきれいにして出るのだそうです。なぜ彼らは部屋の隅々まできれいにするのでしょうか。

それは、監督の先生が選手たちに、「感謝の気持ちを常に持つように」と話しているからです。感謝の気持ちを忘れずに人や物に接することによって、敵をつくらず、味方をつくることができる。それが、勝負の場での運を呼び込んでくるのだ。監督は常にそう伝えていました。

ホテルの部屋をきれいにして出ることも、使わせてもらったことへの感謝の表現なのです。選手たちの姿に感動したホテルの方々が野球部の応援団となり、球場までわざわざ応援に来てくれたこともあったといいます。

もう一つ、監督が大切にしているのは謙虚さです。謙虚さとは自分を偉いものと思わず、他に学ぶ素直な気持ちがあることです。態度が悪く、文句ばかり言っているチームは人がどんどん遠ざかっていきます。強さを自慢したりせず、謙虚にしているチームには味方が増えます。彼らに感謝の気持ちを伝えると、さらなる応援団になってくれます。

何をやってもうまくいく人と、何をやってもうまくいかない人の差はこの「感謝と謙虚さ」にあるのではないかと監督は考えているのだそうです。強いチームは、プレーの質が高いだけでなく、応援団が自然と増えるような、質の高い生き方をしているのですね。

皆さんも、周りの人から応援され、味方が増えるような学校生活を送っていきましょう。

《参考文献》『致知』二〇一〇年三月号（致知出版社）

その2　ダルビッシュ有

野球で、一本もヒットを打たれず、一点も取られずに終わる試合を「ノーヒットノーラン（無安打無得点試合）」と言います。高校野球では、春と夏の大会を合わせてこれまでに三四人の投手が達成しています。

その中の一人に、今はアメリカのメジャーリーグで活躍しているダルビッシュ有選手がいます。ダルビッシュ選手は中学校の時から全日本のメンバーとして活躍した選手で、高校入学時にはすでに他の部員とは別格の実力の持ち主でした。

そんなダルビッシュ選手は高校三年生でキャプテンとなります。キャプテンとはチームをまとめ、率いる立場です。しかし、チームメイトとうまくいきません。

ある日のことです。チームの課題を話し合うミーティングで、ダルビッシュ選手への不満が次々に飛び出しました。

「マウンドで嫌な顔をされるとやりにくい」

「練習でもっと積極的に声を出せよ」

次々と浴びせられるチームメイトからの言葉を、ダルビッシュ選手は、目を真っ赤にしてじっと聞いていました。

それ以来、ダルビッシュ選手は変わりました。仲間と一緒に練習をがんばり、部屋の掃除やグラウンドの準備も進んで参加するようになりました。

そして迎えた甲子園。マウンドに上がったダルビッシュ選手は、今までに経験したことのない、何かに背中を押されるような感覚を感じていました。彼は一回から圧倒的なピッチングでたくさんの三振を奪い、春の甲子園では一〇年ぶりとなるノーヒットノーランを達成したのでした。

試合後、ダルビッシュ選手は次のように話しました。

「これまではただ投げるだけだったけれど、今は周りが見えるようになった。ノーヒットノーランは守備に助けられました。自分ひとりの力ではありません」

仲間との協力があってこそ生まれた大記録なのですね。

《参考文献》

『すごいぞ！　甲子園の大記録』（講談社）

★長谷川のコーヒーブレイク

「誰も彼もを打ち負かすのが無敵の人生ではない。敵がいないことが無敵の人生なのだ」という斎藤一人氏の言葉を思い出す。花巻東硬式野球部が示した「感謝と謙虚さ」に支えられての大躍進には、子どもたちの日常を変える力がある。

23 防災訓練の時—震災からの教訓を伝える語り

オススメ時期⬇ 日本人の素晴らしさを伝えたい時／避難訓練の時

新徳目⬇ 節度・節制

その1 マナーのよさ

二〇一一年三月一一日に起こった、東日本大震災。一万五千人以上の人が亡くなりました。当時、インターネットでは、日本人の行動が話題になりました。実際に発信されたメッセージを紹介します。

「四時間の道のりを歩いている時に、トイレのご利用どうぞ！ と書いたスケッチブックを持って、自宅のお手洗いを開放していた女性がいた。日本って、やはり世界一温かい国だよね。あれ見た時は感動して泣けてきた」

「物が散乱しているスーパーで、落ちているものを律義に拾い、そして列に黙って並んで、お金を払って買い物をする。運転再開した電車で、混んでいるのに妊婦に席を譲るお年寄り。すごいよ日本」

「自宅が流されて自分は避難所にいるのに、店が大丈夫だったからって、無料でラーメンをふるまっているラーメン屋さん。日本ってこんなに皆、温かい。日本に生まれたことを誇りに思う」

「レストランでバイト中に地震があって、お客さんに外へ避難してもらいました。食い逃げされるかなと思っていたけど、ほとんどのお客さんが戻ってきてお金を払ってくれました。戻ってこなかったお客さんも、今日わざわざ店に足を運んでくださいました。日本っていい国」

「避難所で、四人家族なのに『分け合って食べます』と三つしかおにぎりをもらわない人を見た。凍えるほど寒いのに、毛布を譲り合う人を見た。きちんと一列に並んで、順番を守って物資を受け取る姿に、日本人の誇りを見た」

「駅員さんに『昨日一生懸命電車を走らせてくれてありがとう』って言ってる小さい子たちを見た。駅員さん泣いてた。俺は号泣した」

「亡くなった母が言っていた言葉を思い出す。『人は奪い合えば足りないが分け合うと余る』。被災地で実践されていた。この国の東北の方々を、日本を、誇りに思います」

感想をどうぞ。

《参考文献》『3・11 世界中が祈りはじめた日』（講談社）他

その2 訓練の大切さ

二〇一一年三月一一日に起こった東日本大震災では、たくさんの人が亡くなりました。しかし、津波に町が飲まれながらも、小中学生のほとんど全員が無事だった市があります。釜石市という、宮城県の海沿いの市です。釜石市の子どもたちの避難の様子を紹介します。

ある小学校では、地震が起こった後すぐに、校舎の中へ避難しようとしました。地震のための工事が終わったばかりで、校舎がとても頑丈だったからです。

しかし、別の中学校の生徒が「津波が来るぞ」と叫びながら避難しているのを見て、小学校の子どもたちも、先生たちと一緒に校舎を飛び出して、より高い場所へ避難することにしました。

ようやく避難場所についたのですが、その裏側にある山が崩れていたため、子どもたちは「次に揺れた時に危ない」と先生たちに訴えました。先生たちもその声を聞いて、さらに高い場所へ逃げることにしました。

逃げている途中に「ドーン」と大きな音が聞こえ、振り向くと自分たちの学校まで津波が押し寄せてきていました。もし避難していなければ津波に飲み込まれていました。ですが、釜石市の子どもたちと先生は、とっさの判断で逃げ、無事だったのです。

なぜ、このような行動を素早くできたのでしょうか。それは、自分たちが住んでいる場所にどんな災害があるのか、そして災害が起こった時にどんな行動をしたらよいのか知っていたからです。

質問です。皆さんが生活しているこの学校では、どんな災害が起こる可能性がありますか（地域で起こりうる災害について説明をするとよい）。

災害はいつ起こるかわかりません。起こった時にどんな行動をすればよいのか、それを学ぶのが避難訓練です。いざという時のために真剣に取り組みましょう。

《参考文献》
『人が死なない防災』片田敏孝（集英社）

★長谷川のコーヒーブレイク

今日交通事故で亡くなった人も、今日という日に自分が亡くなるなどとは思っていなかった。忘れた頃に、想定外の角度からやってくるのが災害である。だからこそ、忘れていても即座に動ける習慣を身につけさせておくのだ。

3 学校行事にまつわる小話

24 運動会で話したい語り―何のために優勝するのかを問う

オススメ時期⬇ 運動会一カ月前　**新徳目⬇** 希望と勇気・努力と強い意志

その1 運動会の成功は

一カ月後、運動会があります。運動会は何のためにやるのですか。相談します（話し合わせた後、発表させる）。

もちろん運動を楽しんだり、体力をつけたりすることも大切ですが、一番は「毎日の生活をより良くする」ために取り組むのです。

例えば、運動会が終わったら、「前よりも元気よくあいさつするようになった」、「授業でたくさん発表するようになった」、「そうじを一所懸命にするようになった」、「クラスや学年の友だちとより仲良くできるようになった」と、より良い生活ができるようになるために取り組むのです。

そのために、運動会にはたくさんの種目があります。一人ひとりの走力を競い合う徒競走や、クラス皆で力を合わせる学年種目、そしてクラスの壁を越えて息をそろえるダンスや組体操……。そういった種目を通して、皆さん一人ひとりが、そしてクラスや学年がより成長することがねらいなのです。

もちろん、「勝ちたい」「一番になりたい」という気持ちも大切です。「勝つんだ」という気持ちがあるから、一所懸命取り組めます。

その思いに加えてもう一つ、大切にしてほしいことがあります。「賞状が出ないところで一番を目指す」ということです。

運動会での整列を素早くする。準備・片づけに誰よりも熱心に取り組む。応援で精一杯声を出す。それらのことにいくらがんばって取り組んでも賞状は出ません。それでも、賞状が出ないことにも全力を出せたなら、その人は大きく成長するでしょう。

競技以外にも全力を出せたなら、勝っても負けても運動会は大成功です。そして不思議なことに、そういうことに一所懸命になれる人は、競技でも活躍するのです。

行事が終わった数カ月後、君たちの行動がいい方向へと変わっていたら、本当に成功したと言えます。

《参考文献》
長谷川博之研究物

その2 勝った時・負けた時の語り

【勝った時の語り】

優勝おめでとう。今日までよくがんばりました。一人ひとりが一所懸命取り組んだ結果が優勝につながったのだと思います。

それ以上にうれしいのが、皆さんが競技以外のところでも頑張っていたことです。○○さんは、整列の時に周りの人にも声かけをしてくれていました。○○君は、応援で、誰よりも大きな声を出していました（可能な限り多く取り上げて褒める）。

運動会を行う一番の目的は、取り組みを通して一人ひとりが成長することです。その成長が見られて、とても嬉しかったです。

さて、大切なのはこの後です。日本には「勝って兜の緒を締めよ」という言葉があります。勝った後こそ、気持ちをシャキッとさせなければいけません。この後の生活で、もし君たちがふざけていたりダラダラしていたりすると、「何だ、○年○組が頑張っていたのは運動会だけじゃないか」と言われます。逆に、この後の生活にいっそうしっかり取り組めば「こういうクラスだから勝てたんだな」と思われます。皆さんはどちらがいいですか（発表させる）。

「賞状のないところで一番を目指す」でしたね。この後の生活、期待しています。

【負けた時の語り】

運動会、お疲れさまでした。結果は残念でしたが、君たちの姿を見てうれしかったことがあります。一つは結果発表の時に、しっかりと拍手をしていたことです。負けても堂々としている姿はかっこよかったです。もう一つは、競技以外のところでも全力で取り組んでいたことです。

目標は果たせなかったけれど、目的はばっちり実現しました（続きは「勝った時の語り」と同様）。

《参考文献》

長谷川博之研究物

★長谷川のコーヒーブレイク

「体育祭で総合優勝したいです」という子どもに、私はこう応じてきた。「とてもいいね。それで、何のために優勝するのかな」 何のためにという目的が明確であればこそ、たとえ目標が達成できずとも、子どもも大人も満足できる。

25 校内音楽会での語り―何のために歌うのか

オススメ時期⬇ 音楽会の準備が始まる前・始まった頃

新徳目⬇ 自由と責任

その1 校内音楽会の意義

これから校内音楽会に向けての練習が始まります。クラス皆で一つの合唱を作り上げる取り組みです。

校内音楽会では、一年生から六年生まで、それぞれのクラスや学年で合唱をします。ただ歌がうまくなるためであれば、音楽の授業で練習すればいいですよね。

では、校内音楽会は何のために行うのでしょうか？　周りと話し合ってみましょう（指名し、発表させる。皆の前で発表するため、クラスで団結するため、などが出る）。

クラスごとに歌を歌うということは、そのクラスの力が試されます。

合唱の時に、よく「息を合わせて」と言いますね。これは歌い出しや、息を吸うタイミングを合わせるという意味です。では、この「息を合わせる」ためには、どうしたらいいのでしょうか。考えてみましょう（集中する、練習をたくさんする、など）。

すべて大切です。でも、それだけでは足りません。

合唱というのは、皆さんの普段の生活が出るのです。

あるクラスの先生は「音楽会の結果は、音楽会の朝には決まっている」と言います。それは、ステージで上手に合唱ができるかどうかは、その日までクラスがどのように過ごしてきたかで決まるということです。合唱の時だけ「息を合わせよう」と言ってもうまくいきません。

普段の生活で協力して過ごしていれば、合唱でも息を合わせることができます。普段の生活で協力するとは、例えばどのような場面ですか？（掃除、給食など）授業中に積極的に発言する、友だちと仲良くするなどもそうです。

反対に、合唱の時だけ息を合わせて歌っても、普段の学校生活で男女の仲が悪かったり、クラスがバラバラだったりしたら、よいクラスとは言えません。

校内音楽会は、ただ歌を上手に歌うためにあるのではありません。皆さんが、クラスが、今よりも一歩二歩とよくなるためにあるのです。そのことを意識して、これからの練習に臨んでいきましょう。

その2 合唱を通して得られるもの

音楽会は、中学校では「合唱コンクール」や「○○コンサート」と言います。中学校では、合唱をする前に、クラス紹介をするところが多くあります。その、合唱前のクラス紹介で、中学一年生が次のように話しました。

◆私たち1Aは、掃除や給食、朝読書など日常生活を大事にしている。一人ひとりがちゃんとコミュニケーションを取っていくことも心がけている。

日常生活をしっかりやっていれば、合唱など集団で一つのことを行う時も、まとまってできる。

また、ささやかなことを大切に生活していく中で、直接自分の利益にならないことでも自分のことのように力を尽くせる人が生まれてきた。

行事は、その後の生活の質が高まってこそ意味があると、担任の先生に学んだ。先生は四月から何十回何百回と、教えてくれた。

文化祭で賞をもらえればたしかにうれしい。でも、「賞状」は紙切れにすぎない。合唱よりも大切なことを考え、行動し続けてきた学級は、賞状よりも大切なものをすでに、手に入れているだろう。勝ち負けばかりを追い、大切なことを置き去りにした学級は、たとえ賞状をもらっても、それがその後に生きることはないだろう。

私たちは、前者でありたい。

合唱はゴールでなく、通過点の一つにすぎないからだ。

一人ひとりが高篠中学校の看板を背負っている。

日々、その重みを自覚して、日常生活を大切に、生きていきたい。

「賞状の出ないところで一番になれ」

先生に学んだ、この言葉を胸に。◆

このスピーチをした中学生は、合唱を通して、どんなことを学んだのでしょうか。

音楽会は、合唱を通して、大切なことを学ぶ取り組みです。ぜひ皆さんも、そのことを意識して臨んでくださいね。

《参考文献》長谷川博之研究物

★長谷川のコーヒーブレイク

合唱に臨む意欲は一人ひとりに大きな差があって当然だ。歌わない子がいて普通だ。その現実から出発し、全員が全力で歌う状態を作り上げるまで、私たちの挑戦が続く。全員参加・全員本気・全員成長を合言葉に取り組みたい。

3 学校行事にまつわる小話

26 卒業式練習前の趣意説明―卒業式の意義、「仰げば尊し」の歌詞を語る

オススメ時期⬇ 二〜三月　**新徳目⬇** 感謝

その1　卒業式の意義

卒業式の練習が始まります。卒業式は、あなたたちにとって、小学校生活最後の授業になります。

その卒業式、何のために行うのだと思いますか（発表させる）。

様々な意見が出ましたが、どれもそのとおりです。

お家の人の立場から考えてみましょう。今から約六年前、あなたたちの多くが卒園式を迎えました。その時、お家の人はどういう思いであなたを見ていたでしょうか。音楽に合わせて胸を張り、入場する姿。小さな体を折り曲げて礼をし、卒園証書を受け取る姿。友だちと一緒に精一杯歌う姿。そんな姿を見て、お家の人は、思わず目頭が熱くなったことと思います。

あれから六年。小学校に入学して、あなたたちがどれだけ成長したのか。その姿を見せる場が卒業式です。そして、その姿をとおして、感謝の気持ちを伝える場が卒業式です。

さて、あなたたちの成長した姿を見せる相手は、お家の人だけでしょうか。

他に誰がいますか（発表させる。在校生、先生方、地域の人など、出なかった人については教える）。

その人たち皆が、あなたたちの姿に注目しています。

どんな姿だったら、その人たちに、あなたたちの成長を感じてもらえるでしょうか（発表させる）。

一番大切なのが、名前を呼ばれた時の返事の声です。「はい！」という歯切れのいい声。体育館いっぱいに響き渡る力強い声。その声から、この六年間に対するあなたの思いや、あなたが身につけてきた一所懸命さ、素直さ、やり抜く力、挑戦する心、相手を思いやる心、そういったものすべてを感じ取ることができます。

もちろん、歌声や呼びかけなどの声の大きさ、歩き方・立ち方・座り方などの態度にも、六年間の成果がすべて表れます。

素晴らしい返事、声、態度で、感謝の気持ちが伝わる最高の卒業式にしましょう。

その2「仰げば尊し」の歌詞の意味

「仰げば尊し」は、先生や友人に感謝を伝える歌です。これまで、百年以上にわたって、多くの学校の卒業式で歌われてきました。

ただ、明治時代に作られた歌なので、歌詞の意味が分かりにくくなっています。そこで、今のあなたたちにも分かりやすいように直したものを教えます。

一番は、子どもから先生に向けて歌われています。

（歌詞を用意し、歌詞と訳を交互に読み上げていく。途中、子どもとやり取りをしてもよい）

【振り返ると、先生方にはたくさんお世話になった。】

【この学校に来て、もう何年も経った。】

【思い返すと、あっという間に時間が過ぎてしまった。】

【もう、別れの時が来た。さようなら。】

この六年間で、あなたたちは、先生方にどんなことをしてもらいましたか（発表させる）。

そのようなことを思い浮かべながら歌うといいですね。

二番は、先生から子どもに向けて歌われています。

【皆と仲良く過ごしてきたことや先生たちの日々の恩を】

【別れてからも忘れるな。】

【世の中に認められる人になってがんばれ。】

【もう、別れの時が来た。さようなら。】

三番は、子どもから子どもに向けて歌われています。

【いつも慣れ親しんできた校舎を見ると】

【一所懸命勉強し、学んできたことが思い出される。】

【皆と過ごしてきた日々は、忘れることはない。】

【もう、別れの時が来た。さようなら。】

六年間の学校生活のいろいろな場面が思い出されますね。

歌詞の意味を知ると、歌い方が変わります。

最高の卒業式になるよう、精一杯歌いましょう。

《参考文献》

『読んで楽しい日本の唱歌Ｉ』中村幸弘編著（右文書院）

★長谷川のコーヒーブレイク

卒業式の練習は短ければ短いほど良い。二、三時間で完結するのが理想である。なぜなら、卒業期には、他に為すべきことが山とあるからだ。短時間で完結させるには心構えが必要だ。子どもたちの心構えは教師の趣意説明に規定される。

3 学校行事にまつわる小話

27 儀式的行事での趣意説明―「国旗国歌」の意味を語る

オススメ時期⬇ 儀式的行事に参加する意識を高めたい時

新徳目⬇ 伝統や文化の尊重・国や郷土を愛する態度

その1 君が代の意味

入学式や卒業式の時に、必ず歌う歌があります。何ですか（校歌、国歌）。

国歌は、国という形のないものを代わりに表すものの一つです。日本の国歌は「君が代」ですね。

「君が代」は、一〇〇〇年以上前に作られた「古今和歌集」の歌が基になっています。長生きを祝う歌です。

それが、時代と共に変化して、メロディもつけられました。現在では、日本国と日本人が豊かに栄え、平和であることを祈る歌として歌われています。入学式や卒業式はもちろん、オリンピックなどのスポーツの大会でも、歌われたり、演奏されたりしています。

では、その歌詞の意味について考えていきましょう（歌詞を用意し、歌詞と訳を交互に読み上げていく）。

【君が代は（天皇陛下を象徴とする私たちの国が）】

「君」とは、天皇陛下のことです。時代や場面によって、敬うべき「君」であったり、大切な「貴方」であったりと、いろいろな意味が込められてきました。「代」は国のことですが、「時代」「世の中」などの意味が込められてきました。

現在では「君が代」は、天皇を象徴とする日本、つまり、私たちの国のことを指すとされます。

【千代に八千代に（千年も八千年も栄えますように。つまり、長い間栄えますように）】

【さざれ石の（細かい石が）】

【いわおとなりて（寄り集まって大きな岩になって）】

【こけのむすまで（それに苔が生える程末永く栄え、平和でありますように）】

外国では、戦争を経て国が作られる例が多かったので、戦いをテーマにした国歌が多くあります。そんな中、海に守られ、他国との戦争が少なかった日本では、国と私たち国民が栄え、平和であることを祈る国歌ができたのです。節目となる入学式や卒業式で、心を込めて歌いましょう。

《参考文献》『私たちの美しい日の丸・君が代』石井公一郎監修・高橋史朗編（明成社）

その2　国旗の意味

　世界の国々には国旗という旗があります。国旗は国という形に表せないものを代わりに表すものの一つです。

　日本にも「日の丸」と呼ばれる国旗がありますが、どのような時に掲げられていますか（発表させる。入学式、卒業式、運動会、スポーツの大会、祝日など）。

　様々な時に掲げられていますが、使う時にはいくつかのルールがあることを知っていますか。

　例えば、国旗を掲げる時は、起立し、帽子を取って敬意を表すというルールがあります。皆さんもやったことがありますよね。また、国旗は国や国民をも表しているので、汚れていたり、破れていたりするものは使わないというルールもあります。国旗はそれだけ重要なものなのです。

　また、デザインには意味があります。日の丸は、どのようなデザインですか。指で机の上にかいてごらん。

　このようなデザインですね（板書）。真ん中の赤い丸は、何を表していると思いますか（発表させる）。

　これは、太陽を表しています。農業が生活の中心だった日本人にとって、太陽はかけがえのないものでした。

　また、日本という国の名前は、元々、日の本（ひのもと）と呼ばれていて、「太陽が昇るところ」という意味です。つまり、日本の国名が、国旗のデザインになっているのです。

　では、日の丸が日本の国旗になったのは、何年くらい前だと思いますか。ちなみに、世界一古い国旗はデンマークの国旗で、約八〇〇年前です（発表させる）。

　日の丸が日本の国旗になったのは、一九年前（一九九九年）です。でも、「もっと前からあったんじゃないかな」と思う人が多いですよね。この一九年前というのは、法律で、日の丸が日本の国旗と決められた年です。実際に使われていたのは、一〇〇〇年以上も前からです。つまり、最も歴史のある国旗が、日本の国旗、日の丸というわけです。そんな日本の国旗を、私たちも大切に扱っていきましょう。

《参考文献》『私たちの美しい日の丸・君が代』石井公一郎監修・高橋史朗編（明成社）

★長谷川のコーヒーブレイク

　日章旗と君が代。自国の国旗国歌に敬意を表せる人間は、他国のそれにも同様の立ち居振る舞いができる。以前、外国におけるスポーツの祭典で、起立脱帽しない日本人の姿が問題となった。教えなかった大人の責任である。

28 長期休業前にする語り―三つの車に気をつけようと呼びかける

オススメ時期⬇ 安全かつ充実した夏休みを過ごしてほしい時

新徳目⬇ 節度・節制

その1 有意義な夏休みの過ごし方

もうすぐ夏休みですね。四〇日近くもある長いお休みです。ぜひ、普段の生活ではできない経験をたくさんしてほしいと思っています。皆さんは、夏休みをどのように過ごすのか、予定や計画はありますか（数名発表させる）。

今から、ある三人の小学生が、夏休みをどのように過ごしたのかを紹介します。

一人目。帰国子女だった女の子は、「夏休みの旅行の体験」を旅行記にまとめました。旅行で出会った「すべてのこと、もの」をノートに記したのです。訪れた場所の写真、食べたお弁当の包み紙、切符も駅でお願いして持ち帰りました。ありとあらゆるものをノートに貼り、記録すると、立派な旅行記となりました。

家族旅行も、こうやってノートを作ると、思い出がより大きくなりますね。

二人目。ある男の子は、興味を持ったら、とことんのめり込む子でした。六年生の夏、海にいる「うみうし」という生き物に興味を持ち、海岸の岩場へ、五回、六回と出かけ、研究をしました。強い日差しの中、あきることなく、「うみうし」を観察し、調べました。ただ図鑑で見るのと、実際に海岸で観察をするのとでは、感じること・学ぶこともちがいますね。

三人目。ある女の子は、家族で、東海道を徒歩で旅行しました。早朝、日本橋から家族四人で出発し、一日かけて歩きました。車や新幹線で行く旅行とはちょっとちがう旅です。見える景色もちがったことでしょう。

夏休みの過ごし方は人によってちがいます。

せっかく長い期間休みになるのですから、ぜひ学校ではできないことにチャレンジし、ワクワクする体験をたくさんしてください。

夏休みが終わった後、一人ひとりがどんな体験をしたのか聞くことを楽しみにしています。

《参考文献》『家庭教育ツーウェイ　二〇〇七年八月号　向山洋一氏論文』向山洋一（明治図書）

その2　三つの車

夏休み、待ちに待ったという人もいることでしょう。長い休み、これから話す、三つの車にお世話にならないようにしましょう。

一つ目は、赤い車です。「ウーウー」という音を出しながら走ります。何という車でしょうか。そう、「消防車」です。消防車はどんな時にやってきますか（指名）。

例えば、夏休みは家族や親戚、お友だちと花火をする機会があるでしょう。その時、燃えやすいものがあるところで花火をしたり、火が消えていないのに片づけたりするとどうなりますか。せっかくの夏休み。赤い車にお世話にならないようにしましょう。

二つ目は、白と黒の車です。「ウーウー」という音を出しながら走ります。何という車でしょうか。「パトカー」です。パトカーはどんな時にやってきますか（指名）。

夏休みは楽しいことがいっぱいです。「このくらい大丈夫だろう」と思ってルールを破ってしまった、夜遅くまで遊んでいて変な人に声をかけられてしまった、など事件や事故が増えます。自分で事件を起こさなくても、他の人が起こす事件に巻き込まれることもあります。白と黒の車のお世話にならないようにしましょう。

三つ目、白い車です。「ピーポーピーポー」という音を出しながら走ります。何という車でしょうか。そう、「救急車」ですね。救急車はどんな時にやってきますか（指名）。

例えば友だちと自転車で遊びに出掛ける際、楽しみで仕方がないからいつもよりもスピードを出してしまった。一時停止を無視して交差点に突っ込む。走ってきた車に気が付かずにぶつかってしまう。そしてそのまま入院ということもあるでしょう。

大きな怪我や病気をして、白い車のお世話にもならないようにしましょう。

三つの車に気をつけて楽しい夏休みを過ごしましょう。

《参考文献》
『四つの車』長期休業前はこの話！』合澤菜穂子

★長谷川のコーヒーブレイク

夏休みのほとんどを部活動で過ごす中高生とはちがい、小学生の多くは膨大な時間を手にする。その時間を使って、学期中にはできない体験を一つでも多くさせたいものだ。お金を使わずともできることがたくさんある。一緒に考えたい。

3 学校行事にまつわる小話

29 校外学習前にする趣意説明―「時・場・礼」の原則を語る

オススメ時期⬇ 一一月、思いやりについて教えたい時　**新徳目⬇** 親切・思いやり

その1 校外学習で必要なマナー

遠足、社会科見学、移動教室等で、学校の外に学びに行く時に、特に気をつけることは「時・場・礼」です。

「時」とは時間を守ることです。

校外学習はすべて、行動の時間が決まっています。見学、昼食、移動など、五分前行動がルールになっていますね。

私たちが暮らしている社会は、すべて時間で動いています。時間で動くために多くの人が計画的に仕事をしています。誰か一人でも時間を守らないと計画が狂ってしまいます。五分前に行動しようというのは皆の時間を大切にしようという意味も含まれているのです。

次に「場」です。

これは使った場所をきれいにしようということです。

皆さんが行く○○（校外学習の場所）は、いろんな人が使っています。皆さんが見学した後には次の学校が見学したり、会社の人が仕事をしたり、一般の人が使ったりします。その人たちのために、使わせてもらった場所をきれいにして出ることはとても大切です。

諺に「立つ鳥、後を濁さず」とあります。使った場所をきれいにする行動をしていきましょう。

最後に「礼」です。礼儀を正すことです。

皆さんのために目に見えない所でたくさんの人が動いてくれています。今も、皆さんが気持ち良く学習できるように、○○（校外学習の場所）の人が場所や道具を整え、案内の準備をしてくれています。そういう方々に失礼のない振る舞いをすることが大切です。もちろんお礼もです。

皆さんがもっている感謝の心は、思っているだけでは伝わりません。思いは言葉にするから伝わります。思いを伝えるには、例えばどのような言葉がありますか。隣同士相談してごらんなさい（相談し、発表させる）。「ありがとうございます」「よろしくお願いします」等がありますね。

「時・場・礼」。この三つを守ることで、誰もが過ごしやすい環境を作り、学びのある学習にしましょう。

《参考文献》長谷川博之研究物

その２　世界が感動した日本人のマナー

新幹線が東京駅に着くと係の人が新幹線の中に入り、掃除をしてきれいにします。

別に掃除をしなくても、次のお客さんは乗ることができます。なぜ掃除をするのでしょう。隣同士相談してごらんなさい（快適に過ごしてほしい、そのままだと汚い、など）。

それは、鉄道会社や係の人たちが「次のお客さんに気持ち良く新幹線に乗ってもらいたい」と思っているからです。

係の人たちが掃除をする時間は、新幹線が東京駅に着いて、次の時間に発車するまでの、とても短い時間です。どのような掃除をしていると思いますか（指名）。

床をほうきで、さっと掃くだけではありません。新幹線の一席一席をきれいにするのです。汚れがついていたらその汚れが取れるまできれいにします。窓も汚れがついていたら一つ一つこすって、きれいにしていきます。座席のカバーを変え、ちり一つない状態にします。

係の人たちは、「新幹線の席をホテルの部屋のように思ってもらいたい」という願いを込めて掃除をしているそうです。

この新幹線での掃除の様子は、海外の有名なニュース番組や、なんと大学の授業でも取り上げられました。それほど世界の人たちに感動を与えているのです。

係の人は「この仕事は、きつい、汚い、危険な仕事です」と言います。このような仕事を行っている人たちの思いを想像してみましょう。

相手に気持ち良く過ごしてもらいたいという思いが、精一杯の掃除という形で表現されているのです。

これから皆さんは校外学習に向かいます。利用させてもらう施設や見学させてもらう工場はもちろんのこと、移動のバスや電車でも、皆さん自身がマナーを守りましょうね。どんな行動ができますか（発表させる）。

目的とする見学場所だけでなく、今まで気にしなかったところにも目を向けて、校外学習に向かいたいですね。

《参考文献》
『奇跡の職場』矢部輝夫（あさ出版）

★長谷川のコーヒーブレイク

私も、「時・場・礼」を自ら率先して実践している。学校生活から離れた非日常である遠足、林間学校、修学旅行に本当の姿が現われる。日常が非日常を規定する。勝負だ。

30 子どもに語り継ぎたい戦争の記憶――〝領土を守る〟を考えさせる語り

オススメ時期⬇ 二月、「北方領土の日」「竹島の日」に合わせて

新徳目⬇ 伝統や文化の尊重・国や郷土を愛する態度

その1 日本人が入れない日本の領土

海に囲まれた日本にはたくさんの島があります。どんな島があるか知っていますか（佐渡島、宮古島などが予想される）。他にもたくさんの島があります。全部でいくつあると思いますか。六八五二島です。しかし、それらの島の中には日本人なのに入ることが難しい島があります。

他の国が自分たちのものだと主張しているからです。その場所は北方四島、竹島、尖閣諸島の三か所です。それぞれ、ロシア、韓国、中国が自分たちの領土だと主張しています。北方領土と竹島は、実際にロシアと韓国に実効支配されています。なお尖閣諸島は領土問題ではないというのが我が国の立場です。

本来は日本の場所であるのに、ロシアと竹島には他国の人が住み、他国の警備隊によって守られています。近づくだけで攻撃されてしまうこともあります。

竹島に近づいた日本人の漁師は何もしていないのに捕まえられ、銃で撃たれたりしています。

なお、尖閣諸島付近を航行する日本の船が中国の船に体当たりされる事件も起きました。

さて、「そこまでして他国と争うならあげてしまえばいい」という意見もあります。皆さんはどう思いますか。

島が大切な理由は大きく二つあります。一つ目は「資源」です。島の周りを囲む海の資源はその国のものだと国際法で決まっています。資源とは例えばその海を泳いでいる魚です。それだけではありません。海中に埋まっている石油やレアアースと呼ばれる貴重な金属も資源です。島を失うことはこうした資源を失うことになるのです。

もう一つは「国防」です。どんな場所であっても昔から代々私たちの祖先が時に命を懸けて守ってきた場所なのです。その場所を簡単にあげてしまっていいのでしょうか。

また、小さな島だからといってあげてしまった結果、次にもっと別の場所をとられてしまった例もあります。私たちの国についてもう一度考えてみましょう。

その2 竹島、北方四島

島根県にある竹島。江戸時代から日本の領土でした。しかし、六〇年以上前、韓国が「ここは自分たちの島だ」と主張しはじめました。

その後、韓国は何をしたと思いますか。「A　竹島に自分たちの建物を建てた」、「B　竹島に住み始めた」、「C　近くを通った日本の漁師の船を銃で撃ち、捕まえた」

答えは、すべてです。今では韓国の兵士が竹島を包囲し、日本人は近づくことも難しくなっています。実際に多くの漁師が捕まり、中には銃で撃たれて亡くなった方もいます。

国際法では、竹島は日本のものであり、日本のものとして描かれた古い地図がいくつも残っています。そこで日本は「国際司法裁判所」でしっかり話し合いをしようと、韓国に伝えています。しかし、韓国はこれに応じません。

日本の最北端（最も北にある場所）はどこだか知っていますか。多くの人は北海道と答えるそうですが、それはちがいます。正解は択捉島です。

北海道よりさらに北には択捉島、国後島、色丹島、歯舞諸島という四つの島々があり、北方四島と呼ばれています。もともと日本の土地でしたが、昭和に行われた戦争の終了直後、ソ連が一方的に攻めてきてこの土地を奪います。

それ以降、日本の島のはずなのにロシアの人々が暮らしています。日本はロシアに対して、この場所を返すように求めていますが、ロシアは応じません。

さて、ソ連が占領した当時、戦争が終わったので日本は武器や戦車を放棄していました。放棄とは簡単に言えば、捨てることです。そこに突然、ソ連の兵士が攻めてきたのです。北方四島の先、占守島《しゅむしゅとう》にいた日本の兵士は、攻撃されながらも、武器に弾薬を詰め直して必死で戦いました。結果として北方四島は奪われてしまいましたが、命を懸けて戦った先人たちのおかげで、北海道は守ることができたのです。我が国の歴史を、曇りなき目で学びましょう。

《参考文献》『中学校を「荒れ」から立て直す！』長谷川博之（学芸みらい社）

★長谷川のコーヒーブレイク

「隣国に一平方マイルの領土を奪われながら征伐して懲らすことをしない国は、その他の領土をも奪われてゆき、ついには領土をすべて失って、国家として存立することをやめてしまうだろう」イェーリングのこの一言は重い。

31 子どもに語り継ぎたい戦争の記憶―「最後まで守った人たち」を語る

オススメ時期⬇ 七月、夏休み前に、終戦記念日について語る時

新徳目⬇ 伝統や文化の尊重・国や郷土を愛する態度

その1 日本を最後まで守った人たち（硫黄島の戦い）

日本本土から遠く離れたところに硫黄島という小さな島があります。この島の地下にはとても長いトンネルがあります。このトンネルは何のために掘られたのでしょうか。

今から七〇年以上前の一九四五年、日本はアメリカ合衆国と戦争をしていました。その戦いの場所の一つとなったのが日本の領土、硫黄島でした。

当時、兵士の数、武器の数、戦闘機の数などはアメリカが圧倒的に有利でした。正面から戦えば数日で負けてしまいます。そこで、地下に隠れて戦うためにトンネルを掘ったのです。しかし、硫黄島の地下は五〇度以上の暑さです。食べ物も飲み水もほとんどない状況です。その中をスコップやつるはしを使って手でトンネルを掘りました。

戦いが始まりました。アメリカは三日から五日で占領すると計画していましたが、日本軍は三六日間必死で硫黄島を守りました。しかし、日本は負け、硫黄島は奪われてしまいました。

では、なぜこの小さな島をそこまでして守る必要があったのでしょうか。

アメリカは硫黄島を奪った後に、日本本土にたくさんの爆弾を落とす計画を立てていたのです。硫黄島で彼らが戦っている三六日の間、大きな街からは、たくさんの子どもやそのお母さん、老人たちが、田舎の山奥に避難することができました。その数は、東京だけで五〇万人以上です。もし、即座に硫黄島が奪われ、アメリカによる空爆が行われていればもっと多く人の命が失われていたのです。

生き残った兵士の方の言葉です。「一日でも長く硫黄島を守り、日本への攻撃を遅らせたかった。皆そう思って戦い、死んで行った」。硫黄島で戦った人のほとんどは会社やお店で働く人、お医者さん、学校の先生など、皆さんのお父さんと同じ、普通の人でした。命をかけて戦った方々のおかげで、今の私たちがあるのです。

《参考文献》『生きる理由、死ぬ理由―英霊の渇く島に問う』青山繁晴（ワニブックス）、長谷川博之授業資料

その2　日本を最後まで守った人たち（真岡郵便局職員）

二〇一一年に起きた東日本大震災。大きな地震と津波が東北地方を襲いました。当時、宮城県のある町では、一人の女性職員が必死で避難を呼び掛けていました。

「津波警報が発令されました。逃げてください」女性は防災無線で何度も何度も呼びかけました。この放送を聞いて助かった人がたくさんいることが後に分かります。しかし、最後まで呼びかけ続けたこの女性は、逃げ遅れ、津波に流されてしまいました。自分の命と引き換えに多くの人の命を救ったこの女性は、今も多くの人から感謝されています。

似た出来事が七〇年以上前にもありました。北海道のさらに北に樺太という島があります。今から七〇年以上前の戦時中、この島には多くの日本人が住んでいました。

戦争が終わる直前、ソ連が突然日本に攻めてきました。最初に狙われた場所の一つが樺太です。樺太に住んでいる人は、船で北海道に疎開することになりました。その疎開を成功させるためには、その時々の状況を日本本土へ連絡する必要がありました。当時、電話をするには電話交換手という仕事をする人たちが必要でした。この電話交換手を務めていたのが、真岡郵便局に勤める女性職員でした。

ソ連が攻めて来ることが分かった時、交換手の責任者は次のような話をします。「疎開を実現するためには私たちの仕事が必要です。残って仕事を続けてくれる人を求めます。ただし、すぐに返事は聞きません。全員、一度家族と相談したうえで、返事を聞かせてください」

結果、多くの女性職員が「自分は残ります」と手を挙げたそうです。ソ連は樺太に到着すると一斉に攻撃を開始しました。それでも彼女たちは交換手の仕事を続けます。

最後は、「皆さんこれが最後です。さよなら、さよなら」と本土へメッセージを送り、連絡は途絶えてしまいました。彼女たちが命をかけて、仕事を全うしたおかげで八万人以上の人が北海道へ疎開し助かることができました。自分の命をかけてまで、人々を守ろうとした人々がいたのです。

《参考文献》『昔も今もすごいぞ日本人！』小名木善行（彩雲出版）

★長谷川のコーヒーブレイク

「樺太一九四五年夏　氷雪の門」という映画がある。一九七四年公開の、史実を基にした映画である。幼い頃に見てたいへん印象に残った。語り継ぐべき日本人の生き方の一例である。硫黄島の英霊たちの戦いぶりもまた、同じである。

4 意外と知らない日本文化の話

32 外国の神様と外国人から見た日本の神様―日本人は無宗教？　多神教？

オススメ時期⬇ 一二月、クリスマス、お正月の前に　**新徳目⬇** 伝統や文化の尊重・国や郷土を愛する態度

その1 世界の神様（一神教）

日本では、一言で「神様」と言っても、いろいろなものを指します。昔から信じられ、神社などの中に祭られている神様もいれば、徳川家康のように、実際に生きていた人が神様として祭られていることもあります。米粒の一つひとつにも神様が宿っていると言います。日本では、豊かな自然や優れたものすべてが神様なのです。

世界にもいろいろな神様がいて、多くの人が神様の存在を信じていますが、多くの人にとって、信じる神様はただ一人です。日本のように何でも神様と言ってしまうような文化は、なかなかありません。

それぞれの神様の教えを信じて行動することを、宗教と言います。宗教には、それぞれに守っている教えや決まりがあります。

例えば、食べ物についての決まりがあります。豚肉を食べてはいけない宗教もあれば、牛肉を食べてはいけない宗教もあります。中には、玉ねぎを食べてはいけない宗教もありますす。調べてみると、それぞれにちゃんとした理由があるのです。

その他にも、人を叩いたり、悪口を言ったりしてはいけないと戒めている宗教や、ペットを飼うことを禁止する宗教もあります。宗教同士が時に真っ向から対立するような決まりを持っていることも少なくありません。

特に、砂漠が広がっている地域の宗教の場合、厳しい決まりであることが多いです。その理由はいろいろ言われていますが、一例として、ちょっと道に迷っただけでも命を落としてしまうかもしれない砂漠だから、ルールを守ることに厳しい神様が生まれたという考え方があります。そのような神様を信じている人たちは、「神様の教えは絶対なのだ」と、厳しい決まりもしっかり守って生活しています。

どんな神様を信じるかは人によって様々ですが、大切なのは、どの神様も、それぞれの人にとって大切な存在だということです。どんな神様を信じる人に会っても互いを認め、交流していけるといいですね。

その2　日本の神様（多神教）

神様が祭られているところを神社と言います。日本には、たくさんの神社がありますが、「〇〇神宮」と呼ばれる神社もあれば、「〇〇大社」「〇〇天満宮」などと呼ばれる神社もあります。神社の種類や場所によって、祭っている神様もちがいます。日本には、何種類くらいの神様が祭られていると思いますか（発表させる）。

その数一〇〇〇以上です。昔から信じられている想像上の神様もいますが、徳川家康など、実際に生きていた人が神様になった例もあります。大いに活躍した人や恨みをもって死んだ人、また、日本人以外の人たちも神様として祭られています。我が国では、なぜこんなに神様が多いのでしょうか。

日本は昔から自然が豊かで、人々は自然から様々な恵みをいただいてきました。結果として何に対しても神様のように感謝する文化が生まれたと言われています。米粒一つひとつにも神様がいると言われるのはそのためです。少し前には、「トイレの神様」という歌もヒットしましたね。

『古事記』などには神話の時代からの神様が多数登場します。神様は一緒に日本の島を作ったり、姉弟でケンカをしたり、冒険の旅に出たりします。

一番代表的なのが天照大御神です。「あまてらす」とは「すべてを照らす」という意味で、つまり太陽です。日本の国旗「ひのまる」も太陽ですよね。どちらも太陽の恵みに対する日本人の感謝が生んだものでしょう。

その天照大御神から、今の天皇陛下のご先祖様である神武天皇が生まれたと言われています。日本は、神様が身近な国と言えるかもしれませんね。

いろいろな神様が、皆さんをいつも見守ってくれているのだそうです。だから、神社にお参りに行く時は、お願いごとをするのではなく、「いつもありがとうございます」とお礼を伝えると良いと言われています。いろいろなものに感謝しながら生活できるといいですね。

《参考文献》

『ねずさんと語る古事記・壱』小名木善行（青林堂）

★長谷川のコーヒーブレイク

「日本人は宗教的に無節操だ」との批判は、既に遠い昔の笑い話と化している。日本が「多神教の文化」であるか否かは別として、一神教の文化に引けを取ることなどどこにもない。無宗教であってもよい。一つに絞る必要はないのだ。

4 意外と知らない日本文化の話

33 年中行事―お盆・七夕がある理由は？

オススメ時期⬇ 七・八月の日本の伝統文化を教えたい時

新徳目⬇ 伝統や文化の尊重・国や郷土を愛する態度

その1 お盆

八月、皆さんはずっと夏休みですが、大人は八月の半ばにようやくお休みになる人が多いのです。故郷に帰省したり旅行に行ったりする人の姿がテレビで流れますよね。このお休みは本来何のためのお休みか知っていますか。

日本では、八月一三日から一六日にかけて、「お盆」という行事が行われます。この四日間は「亡くなった方々の霊があの世からこの世にやって来る」期間と考えられています。お盆は戻ってきた霊をお家に迎える行事であり、そのためのお休みを「お盆休み」というのです。

さて、亡くなった方々のことを「ご先祖様」と言いますよね。お盆の期間は、ご先祖様の霊にこの世で楽しく過ごしていただくために、いろいろな準備をします。どんなことをするか知っていますか（相談・発表させる）。

例えば、お墓をきれいに掃除します。墓石を磨き、お花を飾ります。家の神棚・仏壇にもお花などを飾って、整えます。ご先祖様を気持ちよくお迎えするためです。

飾りの中には、きゅうりやなすもあります。串や割り箸などを四本刺して、馬や牛に見立てたものです。これらは、あの世からやって来るご先祖様の霊の送り迎えをしてくれる動物です。馬は早くご先祖様をお迎えに行けるように、牛はゆっくりと帰ってもらえるようにという意味があります。つまり、「ご先祖様の霊に少しでも長くこの世に居てもらいたい」という気持ちが込められているのです。

お盆の間は、仏壇のお供え物は毎朝きちんと替えて、おいしいお食事を食べていただきます。ご先祖様の霊に楽しんでもらうために、皆で「盆踊り」を踊ります。「盆踊り」は、ご先祖様の霊と一緒に楽しむために踊る踊りなのです。

私たちを日々見守ってくださるご先祖様。ご先祖様のおかげで、私たちは平和に暮らすことができる。そういった感謝の気持ちを表すのがお盆という日本の文化なのです。

お盆には家族皆でご先祖様をお迎えしましょうね。

《参考文献》

『年中行事』新谷尚紀監修（ポプラ社）

その2 七夕

「ささの葉さらさら～」この歌を聞いたことがある人？七夕の歌です。七夕には何をしますか？（発表させる）

なぜ七月七日にお星さまに願いごとをするのでしょうか。七月七日の夜、天の川にかかる橋を渡って、織姫、彦星という二つの星が再会するというお話があります。

織姫は、神様の娘でとても機織りが上手でした。天の川の向こう岸にいる彦星は、とても働き者の牛飼いでした。二人は結婚して仲良く暮らしますが、仕事をしなくなってしまいます。

これに怒った神様が、二人を天の川の両岸に引き離してしまったのです。ただし、一年間ちゃんと働いたら、七月七日の夜に二人を会わせてやると約束をしました。

それから、一年間で一度だけ、七月七日の夜に、二人は天の川を渡って再会するようになったと言われています。

このお話から、七月七日は、願いごとが叶う日として人々に信じられるようになったのです。

さて、皆さんが願いごとをする時には、紙でできた短冊に願いごとを書きますよね。でも、昔はちがったのです。葉っぱで作った短冊に書いていました。

江戸時代になると、子どもたちが「習字が上手になるように」と、紙に願いごとを書くように変化し、それが今の形につながっているのです。

願いごとを書いた短冊は、笹の竹に吊るします。なぜ笹竹なのでしょうか？（予想・発表させる）

笹の竹の葉っぱは、揺れるとさらさら音がします。その音には、神様を招く力があると信じられていたのだそうです。

また、竹が真っ直ぐ上に成長していくことから、願いごとを天に届ける力があると考えられていました。このことからも、人々が願いごとに強い思いを込めていたことが分かりますね。

七夕の夜には、星空を見上げて天の川を探してみてください。皆さんの願いが天に届くといいですね。

《参考文献》

『年中行事』新谷尚紀監修（ポプラ社）

★長谷川のコーヒーブレイク

今も続いている年中行事には、続くだけの意味があり、価値がある。子どもたちに身近な節分も、桃の節句も、端午の節句もそうである。教師はその意味と、価値を語れる大人でありたい。私たちは文化の伝道師でもある。

34 年中行事──十五夜・大晦日の由来は？

オススメ時期⬇ 日本の伝統文化を教えたい時

新徳目⬇ 伝統や文化の尊重・国や郷土を愛する態度

その1 十五夜

一年で月が一番美しく見える日を十五夜と言います。十五夜は毎年変わりますが、今年の十五夜は○月○日です。

十五夜には何をしますか？

昔から十五夜にはお月見をします。月を眺め、自然や、自然の恵みである食べ物に感謝を捧げる行事を行ってきたのです。

なぜ、十五夜にお月見をするようになったのでしょうか。昔、日本に貴族と呼ばれる人々がいました。貴族は美しいものが大好きでした。十五夜に見える月はとても美しいので、彼らは特に好みました。

多くの貴族が、十五夜の月を鑑賞しながら、語らったり、歌を詠んだり、美味しい食べ物を食べたりして夜を過ごしました。そのうちに、このイベントをお月見と呼ぶようになったのです。

江戸時代になると、貴族ではない一般の人たちにも、十五夜に月見を楽しみながらおしゃべりをしたり、食べたり飲んだりする慣習が広まりました。

さて、お月見にはお団子をお供えしたり、ススキを飾ったりしますよね。これは、なぜなのでしょうか？

お団子を月に、ススキを稲に見立てているのです。

人々は月に神様がいると信じていました。その神様にお団子を供え、ススキを飾ることで、その年も無事にお米などの穀物や野菜を収穫できました、ありがとうございましたと、感謝の気持ちを伝えたのです。お月見には秋の収穫に感謝する意味が込められていたのですね。

また、ススキには神様を招く力があると信じられていて、のみならず、魔除けにもなると考えられていました。悪霊や災いなどから穀物を守り、来年も十分に収穫できるようにという願いを込めて、ススキを飾ったのです。

今まで経験したことのない人もいることでしょう。今年の十五夜には、家族でお月見をして、楽しい夜を過ごしてみませんか。

《参考文献》『年中行事』新谷尚紀監修（ポプラ社）

その2　大晦日

一年の最後の日、一二月三一日を大晦日と言いますね。

では、一カ月の最後の日を何と言うか知っていますか。「晦日《みそか》」と言います。一年の終わりである一二月の、その最終日なので「大晦日」と言うのです。

昔は元旦になると山から神様が下りてきて、家々に幸せをもたらしてくれると信じられていました。

山から下りてくる神様のことを歳神様と言います。歳神様がいらっしゃるのに、迎える側の人間が早く寝てしまうのはたいへん失礼だと人々は考えました。そこで、大晦日には一晩中起きて新年を迎えるようになったのです。

年末に行われる大掃除は、何のために行われるのでしょう。歳神様をお家に迎えるための準備でした。汚れたお家に神様を迎えるわけにはいきませんよね。だから、大晦日までに掃除をしたのです。

皆さんがお正月に食べるおせち料理。昔の人々は大晦日に作っていました。おせち料理はもともと、歳神様をお迎えするためのお供えとして作られていたのです。人々は大晦日にお供えしたおせち料理を、元旦に家族で食べて、神様の力を分けてもらっていたのです。

大晦日の夜のことを「除夜」と言います。除夜に鳴る鐘なので、この鐘のことを「除夜の鐘」と言います。

除夜の鐘は何回つくか知っていますか。百八回です。なぜ百八回つくのでしょうか。

人間には、悩みや迷いが百八あるとされてきました。一年の最後の日の夜に除夜の鐘を百八回つくことで、それらの悩みや迷いを取り除いて、新しい年を迎える準備を整えるのです（一般に最後の一回は年明けにつく）。

大晦日の夜にそばを食べる習慣がありますね。「年越しそば」と言いますよね。これは「そばのように長く生きられるように」という願いが込められているそうです。

今年の大晦日も家族で楽しく過ごし、気持ちの良い新年を迎えられるといいですね。

《参考文献》『年中行事』新谷尚紀監修（ポプラ社）

★長谷川のコーヒーブレイク

元旦と元日のちがいを知らない子どもがいる。おせち料理の品々の意味も一度は語ってやるとよい。「そんな料理は作らない」となくしてしまうのは容易いが、その態度に謙虚さはない。伝統の前に首を垂れる大人の姿は大切な教育になる。

4 意外と知らない日本文化の話

35 年中行事―お正月・節分の意味を聞いてみよう

オススメ時期⬇ 冬休みに入る日の学活、年中行事の前日、当日朝

新徳目⬇ 伝統や文化の尊重・国や郷土を愛する態度

その1 「お正月」と「鏡開き」

お正月の前、年末に家で大掃除をする人？（挙手させる）では、大掃除は何のためにするか知っていますか（予想させ、発表させる）。

それは、お正月にやってくる「歳神様（としがみさま）」という、新年の幸せを運んでくださる神様をお迎えするためです。日本では昔から、お正月に歳神様をお迎えするために様々な準備をしてきました。

例えば、歳神様に迷わず家に入ってもらうために、玄関に目印を立てます。何のことだか分かりますか？　門松です。門の前に立てる、松の飾りです。

次に、家の中に入ってきた歳神様のためにお供え物を用意します。何のことだと思いますか？（予想、発表させる）

鏡餅です。神様の「御霊《みたま》」が宿ると考えられているからです。

このように、お正月とは本来、歳神様をお迎えして、もてなし、そしてお見送りする行事なのです。

さて、歳神様の御霊が宿った鏡餅ですが、お正月が終わると皆さんの家ではどうしますか？

鏡餅は家族で分けて食べます。といっても、そのままだと大きすぎるので、小さく分けます。それを、「鏡開き」と言います。神様が宿った餅を、お汁粉などにして、感謝しながら食べることで、神様の力を体に取り込むのです。

歳神様の御霊が宿った餅を分けるので、この分けられた餅のことを「御年魂《おとしだま》」と呼びました（板書）。

それが、時を経て、年長者が年下の者へ、餅の代わりにお金を渡す習慣に変わっていきました。それが、今皆さんがもらっている「お年玉」なのです。

お正月にかかわる日本の風習には、その一つひとつに昔から続く意味があります。どんな意味があるのか、自分で調べたり、おじいさん、おばあさんに聞いてみたりしましょう。意味を知ることでお正月の過ごし方もまた変わることでしょう。来年も、歳神様の力をもらい、良い一年にしていきましょうね。

その2「節分」の意味

二月三日は何の日ですか?

豆まき、節分の日です（黒板に節分と書く）。

節分の「節」は、季節の「節」。節分の「分」は、分かれ目の「分」という意味です。つまり、節分は「季節の分かれ目」という意味です。

季節は四つあります。何ですか（春、夏、秋、冬）。

春から夏になる。季節の分かれ目ですから、節分です。夏から秋になる季節の分かれ目も、節分です。秋から冬も、節分です。冬から春も、節分ですね。節分は、一年間に四回あるのです。

今は、冬から春になる「春の節分」しかお祝いしていません。春は新しい一年が始まる季節だからです。

節分に必ずすることとして、「豆まき」がありますね。その時、何と言って豆をまきますか?「福は内、鬼は外」という言葉が一般的です。

でも、実際に鬼がいるわけではありません。節分における「鬼」は、何かを例えているのです。何だと思いますか（予想させ発表させる）。

鬼とは、悪い出来事、病気、災害、事故など、人間を不幸にするものの例えなのです。

では、鬼をやっつけるために、なぜ豆をまくのでしょうか。豆には「魔を滅する」といって、悪いものを追い払う力があると信じられていたからです。

鬼が苦手なものは、あと二つあります。一つは植物。一つは、魚です。

植物は、柊です（写真などを見せる）。葉っぱにはトゲがあり、鬼の目に刺さるので苦手なのだそうです。

魚は、イワシです。正式には、イワシの頭です。臭い匂いが、鬼は苦手なのです。

季節の変わり目を祝う節分の日は、健康や安全を祈る日なのですね。お家に帰ったら話題にしてみるといいですね。

《参考文献》『これ一冊でカンペキ! 図解 日本のしきたりがよくわかる本』日本の暮らし研究会（PHP研究所）

★長谷川のコーヒーブレイク

ここに書かれているようなことを、私は主に祖母から教わった。縁側で日向ぼっこをしながら、祖母の話に耳を傾けるのが好きだった。そのような経験を得られない子どもには、教師が語って聞かせたい。形式主義に陥らぬためにも。

4 意外と知らない日本文化の話

36 自然を楽しむ―風・雨／色・食感を表す深い言葉

オススメ時期⬇ 冬休みに入る日の学活、年中行事の前日、当日朝

新徳目⬇ 伝統や文化の尊重・国や郷土を愛する態度

その1 風・雨を表す言葉

雨のつく言葉にはどんな言葉がありますか。

例えば「小雨」とはどんな雨でしょう。少し降る雨、細かく降る雨のことですね。

では、「梅雨」とは？　六月頃、じとじとと毎日降り続く雨のことです。梅雨は「梅」に「雨」と書きます。なぜ「梅」という字をつけるのでしょうか。それは、梅の実が熟するころに降る雨だからだそうです。

「氷雨」、読めますか。「ひさめ」です。どんな雨だと思いますか。霙、霰、雹などの冷たい雨のことです。「時雨」どんな雨でしょう。冬の初めに降る雨のことです。

「お下がり」という言葉がありますね。この言葉は、もともと、お兄さんやお姉さんからもらった古着を意味する言葉ではなく、お正月に降る雨のことでした。神様が年の初めに降らせてくださる、豊かな実りのもととなる恵みの雨のことを言ったのです。

日本語には風を表す言葉もたくさんあります。

「春一番」とはどんな風ですか。弱い？　強い？　立春の頃、その年に初めて吹く強い風のことです。

「薫風」とは薫る風、と書きます。何の香りを運んでくるのでしょうか。最初は花の香りを運んでくる春の風を指したそうです。やがて夏の初め、若葉の間を抜けて吹いてくるさわやかな風のことを言うようになったそうです。

夏から秋の初めに吹く強い風のことを「台風」と言います。野原の草をなぎ倒して分け入って吹く荒々しい風で、昔は「野を分ける」と書いて、「野分」とも言ったそうです。

では、秋の終わりから冬にかけて吹く冷たい風のことをなんと言いますか。ヒント、木の葉を落とし、枯れ木にしてしまうほどの風です。「木枯らし」です。

風は季節の変化と共に、寒かったり暖かかったり、激しかったり穏やかだったりと変化します。雨や風につけられた一つひとつの名前から、日本人が、季節や自然の変化を敏感に感じ取っていたことが分かりますね。

《参考文献》『日本人の忘れもの』中西進（ウエッジ文庫）

その2 色彩・食感を表す言葉

まだ雪が舞っている春の初めに、赤く可愛らしい梅が咲きます。少し紫の入った淡い赤色を「紅梅色」と言います。

やがて雪が解け、少しずつ暖かくなり、桜の花が咲きます。ほんのりと色づいた淡い赤色を「桜色」と言います。

初夏、竹が少しずつ成長を始めます。その竹の淡い緑色を「若竹色」と言います。

秋、くっきりとした青空が広がります。そんな深い青色を「群青色」、夕暮れ時の深い赤色を「茜色」と言います。

冬、冷たい風が吹き、木の葉が落ち、霜と雪が白く凍ります。空に広がる銀色に似た、青みを含んだ明るい灰色のことを「銀鼠色」と言います。冬の色です。

赤や緑だけでなく、日本語には微妙な色のちがいを表す言葉がたくさんあるのです。

色を表す言葉は、いったい何種類くらいあると思いますか（予想させる）。五百種類以上と言われています。日本人は季節と共に移り変わる自然に関心を寄せ、豊かな色彩感覚を持つようになったのです。

色だけではありません。アツアツのおでん、コトコト煮込んだスープ、コリコリ音のするクラゲ、サクサクのアップルパイ、ガリガリかじる氷砂糖、グツグツ煮えた鍋焼きうどん、口の中にジュワーっと広がる肉汁、口に入れるとキーンとするかき氷、カチカチのアイスキャンデー、スースーするミントガム、ジュウジュウ鉄板で焼くお好み焼き。

まるで目の前に食べ物があるようです。日本語には様々な食感を表す言葉があります。例えば、コリコリ、サクサク、ズルズル、など実際の物音を真似て作られた音（擬音語）や、アツアツ、シナシナなどその状態を表した言葉（擬態語）です。これらをまとめて「オノマトペ」と言います。「オノマトペ」を使うことで、表現が豊かになり、臨場感を与えます。こんなに豊かな表現ができるのは日本語ならではです。日本語っておもしろいですね。

《参考文献》『日本の配色』佐野敬彦（パイインターナショナル）、『感じる言葉 オノマトペ』小野正弘（角川選書）

★長谷川のコーヒーブレイク

ＴＯＳＳ高段者の授業で「雨」にまつわる言葉が百種類以上あると知り驚いたのを覚えている。作家の森村誠一氏は、作中に花見ならぬ「雨見」の場面を描いた。日本人の豊かな言語感覚もまた、受け継ぎたい文化である。

37　伝統文化―神社とお寺のちがいって？

オススメ時期⬇ 冬休みに入る日の学活、年中行事の前日、当日朝

新徳目⬇ 伝統や文化の尊重・国や郷土を愛する態度

その1　わび・さび

満開に咲いている桜と、散っている桜。どちらが美しいと思いますか（挙手させる）。では、空にまん丸に輝く月と、雲に隠れる月。どちらが美しいと思いますか（挙手させる）。

多くの人は、満開の桜や空にまん丸に輝く月の方が美しい、と思うかもしれません。でも逆に、散ってゆく花や雲に隠れる月なども美しい、と思う考え方を、日本人は昔から持っていました。

華やかな、完璧なものよりも、欠けたもの、ちょっと足りないものの方が逆に素晴らしいと考えたのです。

「茶の湯」という言葉を聞いたことはありますか。和室でお茶を点ててお客さんに提供する作法のことです。

茶の湯は今から六百年ほど前、室町時代に生まれた日本の大切な文化です。キラキラ輝くような部屋で豪華な食器を使って盛大に行うお茶会に対し、小さなお座敷で粗末な道具を使って行うお茶会が始まりました。そして、このような、豪華でなく、質素で静かな生活を素晴らしいと感じ、楽しむ人が増えていきました。

桜や月、お茶の話をしましたが、このように「華やかさがなく質素で粗末なものを美しいと感じること」が「わび」という考え方です。「わび」は、昔の言葉で、粗末なものしかお見せできないでおわびするということです。

「さび」はもともと、時間がたつにつれ、物の形がなくなり「寂しい」状態、物が「錆びる」状態を表す言葉です。そこから「いかにも古くて良い感じだ」という意味になりました。江戸時代に生まれた俳句では、静かな心の状態で詠んだ俳句を「さびのある句」と言って評価しました。

現在、「わび」「さび」は「質素でありながらも、静けさや寂しさを感じるものなどを、美しいと思うこと」という意味で使われています。物や情報があふれかえっている現代だからこそ、時々立ち止まり、心静かなひと時を過ごすのもよいかもしれません。

《参考文献》『常識として知っておきたい「美」の概念60』城一夫（パイインターナショナル）

その2 神社とお寺のちがいって?

皆さんの家の近くに、神社はありますか。また、お寺はありますか。

神社とお寺。どのようにちがうか知っていますか。

まずは神社です。神社は神様が祭られているところです。日本には「八百万神」といって、たくさんの神様がいます。山の神様、海の神様などの自然の神様。歴史上の人物やご先祖様。氏神様といって、近くに住む人々が安全で幸せな日が送れるように守ってくれる地域の神様もいます。

神社は、家族や地域、社会、国がますます豊かになりますように、と神様にお祈りする場所なのです。

また、神社ではいろいろなお祭りや行事が行われます。作物をたくさん収穫できるようにお祈りするお祭り、作物が実ったことに感謝するお祭り、神社が建てられた日や神様とご縁がある日を記念して行われる行事などがあります。

お祭りの日にお神輿をかついでいるのを見たことがありますか。お神輿は、その神社にいる神様が乗る乗り物です。神様が町の人々の所へ行くため、お神輿をかつぐ人たちは、勇ましく声をかけ合いながら町中を歩くのです。

一方、お寺にはお釈迦様や阿弥陀仏などの仏様が祭られています。また、人が亡くなると仏様になると考えているため、亡くなった人も祭られています。

また、お寺は、お坊さんが修行をする場所でもあります。お坊さんたちは頭の毛を剃り、毎日早朝から箒や雑巾でお寺の中をきれいに掃除します。長い時間座禅を組んだり、冷たいお水を浴びたりと、心をきれいにするために厳しい修行をしています。お葬式で、お坊さんがお経を唱えているのを見たことがありますか。お経は、亡くなった方が無事仏様になれますようにと唱える言葉なのです。

神社とお寺、祭られている方はちがいますが、どちらも日本の大切な場所であり、文化ですね。

《参考文献》
『神社と神様がよくわかる本』島崎晋(PHP研究所)、『仏教と神道』ひろ さちや(新潮社)

★長谷川のコーヒーブレイク

「侘び」「寂び」は中学高校の古文学習で重要となる概念である。小難しい解釈よりも、本稿のような簡潔な語りの方がより本質を突いているように思う。寺社(社寺)のちがいも、この語りならば分かりが良い。

4 意外と知らない日本文化の話

38 伝統文化─おみくじで「仏滅」「大安」が出たら?

オススメ時期➡ いつでも

新徳目➡ 伝統や文化の尊重・国や郷土を愛する態度

その1 おみくじ、仏滅・大安

血液型占い、星座占い、手相占いなど私たちの周りにたくさんある占い。日本で占いが行われるようになったのは何年くらい前だと思いますか(予想を発表させる)。

今から一五〇〇年以上前、卑弥呼という女王が占いによって国の政治をしていたのではないか、という記録が残っています。今のように科学や文明が発展する前は、占いによって国の行く末を決めていた可能性があるのです。

その後、科学や文明の発展によって、国の大事を決める時に占いが行われることはなくなっていきましたが、私たちの生活の中には今でも占いが残っています。日本で生まれ、今でも残っている占いの一種がおみくじです。

神社などでおみくじを引いたことがある人はいますか?折りたたまれた紙に吉や凶などという文字と、これからの運勢が書かれていますね。おみくじを引き、喜んだり、がっかりしたりしている人が神社などで多く見られます。

もう一つ、昔から日本で行われてきた占いの一種に六曜があります。「大安」、「仏滅」などの文字が書かれているカレンダーを見たことがありますか。六曜と言って、その日の運勢を見るものです。一般的に「大安」は大吉、仏滅は「凶」の意味ととらえられています。

「結婚式は仏滅はやめて、大安の日にしよう」など、大切な行事を行う際に六曜を見て決める風習があります。

さて、おみくじで凶が出た時に皆さんはどのように思いますか。ある有名な宮司さん(神社で働く人)は次のように言っています。

「凶が出ても落ち込む必要はありません。「凶」という字は植木鉢にメ(芽)が出ている図です。これから芽が伸びて成長する、という意味です」

また仏滅は本来「物滅」と書きました。ですから「物がないところから新たなスタートを切る」とポジティブにとらえて、この日に重要な仕事を始める人もいます。

占いをする時には、結果にあまりとらわれずに肯定的に考えることが成功するためのポイントですね。

その2 七福神

日本人は昔から神様を大切にして、神様と共に暮らしてきました。その神様は普段どこにいるか知っていますか（空の上、神社などの意見が予想される）。

「山の神」、「川の神」、「木の神」、「岩の神」、「田んぼの神」などと言われるように、身の回りのありとあらゆる場所や物に神様は宿っていると考えられてきました。

これを「八百万の神」と言います。たくさんの神様が一緒に暮らしているのです。外国では「神様は一人しかない」という考え方も多く、「たくさんの神様が一緒に暮らしている」という日本の考え方は珍しいのです。

さて、たくさんの神様の中でも「宝船に乗って幸福を運んで来てくれる」と親しまれている七人の神様がいます。恵比寿、大黒天、毘沙門天、弁財天、福禄寿、寿老人、布袋の七福神です。

その絵をお店や家に飾るなどして、昔から親しまれている七福神ですが、この七人の中に日本の神様は一人しかいません。他の六人は中国とインドからやってきた神様なのです。いろいろなところから来た神様が一緒になることで、さらなる幸福を運んでくれると考えられていたのだそうです。

このように外国の神様とも仲良くなってしまうのも、日本の神様の特徴です。

七福神のうちたった一人の日本の神様は「恵比寿」です。商売繁盛の神様として有名です。他にも長寿の神様、勝負事の神様、才能の神様などそれぞれ運んでくれる福は異なります。ぜひ、調べてみてください。

日本人は昔から、身の回りに様々な神様がいると考えることでその場所や物を大切にしてきました。また、外国の神様をも受け入れてしまうように、異なる考え方や価値観を受け入れ、人や文化を大切にしてきました。

そうした日本人の考え方が表れている一つの例が、七福神なのかもしれません。今度、お店などに行った時に七福神の絵が飾られていないか探してみてください。

《参考文献》『日本のたしなみ帖』（自由国民社）

★長谷川のコーヒーブレイク

「凶」や「仏滅」をポジティブにとらえ直し、発奮材料としてしまう。ここにもまた日本人の精神性が表れている。様々な国の神が一つの船の上で歓談している構図も、宗教的寛容度の高い我が国ならではの発想である。是非伝えたい。

39 様々な文化―方言／お正月遊びを体験してみよう

オススメ時期⬇ 長期休暇の前、正月の前

新徳目⬇ 伝統や文化の尊重・国や郷土を愛する態度

その1 方言

「方言」という言葉があるのを知っていますか。その地域独自に使われる言葉です。今から紹介する方言はどれも同じ意味を持つ言葉です。どんな意味なのか想像してください。

「わりいっけねぇ」（静岡県等）、「だんだん」（愛媛県等）、「おおきに」（京都府等）、「ありがどがんす」（岩手県等）。

これらは全部「ありがとう」の意味で使われる言葉です。地域によって表現がちがうのが分かりますね。

では、次の方言はどんな意味だと思いますか。「うっちゃる」（千葉県等）、「ほかる」（青森県等）、「ぶちゃる」（山梨県等）。これらは全部「捨てる」の意味で使われる言葉です。

他にも日本にはたくさんの方言があります。皆さんはどんな方言を知っていますか（発表させる）。

さて、方言に対して「共通語」という言葉があります。共通語は日本のどこに行っても意味が通じる言葉です。ラジオやテレビでアナウンサーが使う言葉や新聞で使われる言葉が共通語とされています。

中には「共通語があれば十分、方言はなくてよい」という意見もあります。この意見に対して皆さんはどう思いますか（賛成・反対など発表させる）。

日本には様々な地域があり、そこに住む人々の暮らしや文化は土地土地で大きく変わります。方言にはその地域独自の文化や暮らしぶりを伝える役割があるともいわれています。

東北新幹線に乗ると次のような車内販売アナウンスが聞こえることがあるそうです。

「コーヒーはあったかいのど、つったいのど、どっちがいいべ？　ミルクつけっぺか？」

山形弁でのコーヒーの販売です。お客さんに旅行気分を味わってもらえるようにあえて方言でアナウンスしているそうです。大人気のサービスだとか。旅行に行った時などその地域の方言を探してみましょう。

《参考文献》

『新レインボー方言辞典』（学習研究社）

その2 お正月飾り・お正月遊び

一月一日、元日。日本人はこの日を特別な日として過ごしてきました。新年の神様である「歳神様」がやってくると考えられてきたからです。

やってきた歳神様に前の年を無事過ごせたことを感謝し、新しい年の幸せを祈るための行事がお正月なのです。

お正月には玄関に門松やしめ飾りを飾る風習があります。これらは歳神様を迎えるための準備の一つで、それぞれに意味があります。

門松は玄関に目印のために置きます。門松を置くことで年神様が迷わずにやって来られるようにします。

しめ飾りには「悪い出来事を寄せ付けない」という言い伝えがあります。しめ飾りを飾ることで、家を神聖な場所にして歳神様を迎えるのです。

また年末に大掃除をするのも、大晦日から寝ずに起きて新年を迎えるのも歳神様をおもてなしするためです。もうすぐ来るお正月、皆さんも歳神様を感じながら過ごしてみてください。

さて、皆さんはお正月をどのようにして過ごしていますか。昔から子どもたちは凧揚げやコマ回し、羽根つきなどのお正月遊びを楽しんできました。

お正月遊びの中にはその年の幸せを願って行う遊びもあります。

例えば男の子に人気の凧揚げは「願い事が天まで届くように高く揚げる」という意味があります。江戸時代には人気がありすぎて、「やりすぎないように」という命令が出されたこともあるようです。

女の子に人気のお正月遊びには羽根つきがあります。羽根つきの羽には「子どもが病気にならないように」という願いが込められています。羽根つきは勝ち負けよりもお互いの健康を願って長く打ち続ける遊びなのです。

今ではお正月遊びをする子どもが少なくなってきたようですが、次のお正月にはやってみるといいですね。

《参考文献》『日本のしきたりがよくわかる本』（ＰＨＰ研究所）

★長谷川のコーヒーブレイク

子どもたちに地域の方言を調べさせている学校は少なくないだろう。地域に取材に出かければ、住民との貴重な交流が生まれ、また、地域の歴史と伝統を知る最良の機会にもなる。それこそ生きた道徳学習である。

40 様々な文化―北海道・沖縄の楽しい文化を知ろう

オススメ時期⬇ 自分と他人はちがう部分があるものであると教えたい時　**新徳目⬇** 伝統や文化の尊重・国や郷土を愛する態度

その1 北海道

「願い事を書いた短冊を笹の葉につける」さて、これは何の日でしょうか。

七月七日、七夕です。皆さんもお願い事を書いたことがありますよね。日本中で行われているイベントです。

さて、北海道ではこの日、他の地域にはないイベントが行われています。どんなイベントだと思いますか。

夕方から夜にかけて子どもたちが「ロウソクを出せー」と言いながら近所の家をまわる。近所の家の人は来た子どもにお菓子を渡す。なんというイベントに似ていますか。

ハロウィンによく似ていますね。北海道独自の風習です。

このように、周りを海に囲まれた北海道では独自の文化や風習があります。

その独特な文化は地名にもあらわれています。「オシャマンベ（長万部）」、「オトイネップ（音威子府）」、「サロマ（佐呂間）」など、聞きなれない地名がたくさんあります。

なぜそのような地名があるのでしょうか。

実は北海道の地名の多くはもともと、アイヌ民族の言葉で名付けられているからなのです。アイヌ民族とは昔から北海道や千島列島、今のロシアの一部に暮らす民族です。アイヌの人たちは熊やキツネなど動物を大切にし、自然と共に暮らしてきました。

ちなみに「ラッコ」、「トナカイ」、「シシャモ」もアイヌ語がもとになっています。

しかし、彼らの言葉であるアイヌ語を話せる人はどんどん減っていると言われています。「消滅危機にある言語」にも認定されています。

まずは私たちが同じ国内に生きるアイヌのことを知り、その文化を尊重していきたいですね。

日本という一つの国の中にも、多種多様の文化が存在します。方言や風習のちがいを知るのはとても楽しく、価値のあることです。自分たちが住む地域のことをよく知ると同時に、他の地域の文化にも目を向けたいですね。

《参考文献》『北海道民あるある』荒井宏明（TOブックス）

その2 沖縄

次に紹介するのはある県の食べ物です。「ミミガー」、「ゴーヤーチャンプルー」、「サーターアンダギー」。さて、どこの県の食べ物でしょうか。

沖縄です。どれも聞きなれない言葉ですね。これらの食べ物は今でこそいろいろなお店にありますが、もとは沖縄以外には存在しない食べ物でした。

なぜ、沖縄には聞きなれない名前の食べ物がたくさんあるのでしょうか。

沖縄は昔、「琉球王国」という名前の国でした。琉球王家という王様の一族が今の沖縄の島々を治めていたのです。明治時代になって琉球王国は日本国の一つとなり、沖縄県という名前が付けられました。

それでも、食べ物以外にも沖縄独特の文化や風習はたくさんあります。そのうちの一つ、シーサーを紹介します。シーサーを写真などで見たことがある人はいますか（写真提示）。

沖縄では、家の屋根や玄関など、いたるところにシーサーが置かれています。シーサーには災害や不幸な出来事を遠ざける力があると言い伝えられています。沖縄の人々にとって、シーサーは守り神なのです。

そんなシーサーですが、今ではお土産として人気です。沖縄のお土産屋さんには怖い顔をしたシーサーやかわいい顔をしたシーサーなど、顔や姿が様々に異なるシーサーがたくさん飾られています。

また、沖縄の言葉も特徴的です。有名な沖縄の言葉の一つ「めんそーれ」。これはお客さんが来た時に使う言葉です。どんな意味だと思いますか（発表させる）。

「いらっしゃいませ」という意味です。他にも「なんとかなるさ」という意味の「なんくるないさー」や「男の人」という意味の「はいさい」などがよく知られています。

住んでいる場所によっては様々なちがいがあるものですね。互いのちがいを知ることが、互いの文化を尊重し合うことにつながりますね。

《参考文献》『沖縄の歴史と文化』外間守善（中公新書）

★長谷川のコーヒーブレイク

居住地以外の土地の文化を学ぶ学習は想像以上に為されていない。地理の学習内容よりも一歩踏み込んだ、人々の生活ぶりに触れる学習があって然るべきである。同じ日本人でも文化の多様性を有している。国際理解の大前提だ。

4 意外と知らない日本文化の話

41 世界が驚く文化―落としたお金の七割が戻る国

オススメ時期⬇ 日本が素晴らしい国であると気づかせたい時

新徳目⬇ 公正・公平・社会正義

その1 世界遺産への落書き 日本での厳罰

ある日本人の大学生二人が、勉強をするためにドイツへ行きました。留学といいます。

勉強を終えて日本に帰る日、「せっかくドイツまで来たのだから、観光をしたい」と考え、世界遺産の「ケルン大聖堂」へ行きました。ヨーロッパの昔の建築方法で建てられた、とても貴重な建物です。

この大聖堂には落書きがたくさんあります。観光客が自分たちの名前を書いたり、絵を描いたりなど、壁一面が落書きで埋め尽くされているところもあるくらいです。

落書きは良くないことです。でも、もし既にたくさんの落書きがあり、自分が落書きをしても問題などなさそうに見える時、あなたなら落書きをしますか（指名、発表させる）。

その大学生は落書きをしました。自分の名前を壁に掘り、写真を撮り、ツイッターを使って世界中に発信したのです。

その事実を知った、その大学生が通う日本の大学の先生は、どのような行動をとったと思いますか（指名、発表させる）。

大学生を諭し、反省した二人を副学長が連れて、直接「ごめんなさい」を言うためにドイツに飛んだのです。

その上、「落書きを消して直したい」とお願いをしました。大聖堂の人が「その必要はないですよ」と言ってくれたことで一段落となりました。

しかし、大学の対応は続きます。学長が「ケルン大聖堂の関係者の皆様はもとより、長い歴史の中でケルン大聖堂を愛し尊敬してきたドイツ国民、世界の皆様に心からお詫び申し上げます」と、大学のホームページに文章を発表したのです。

既に世界中の人が落書きをしている大聖堂。落書きをしたのはこの大学生だけではありません。では、この大学がした行動は、やりすぎだと思いますか（指名、発表させる）。

周囲の状況に流されることなく、自分自身の強い意思で物事を正しく判断したいものです。

《参考文献》『神奈川大生、ケルン大聖堂に落書き　ツイッターで発覚』（朝日新聞デジタル二〇一六年八月三日）

その2　落し物が返ってくる国日本

二〇一六年、東京で落し物として警察に届け出のあったお金。全部でいくらぐらいだと思いますか（指名、発表させる）。約三六億七千万円。過去最高の金額になりました。

では、そのうちいくらぐらいが、持ち主の手元に戻ったと思いますか（指名、発表させる）。

約二七億円です。約七割が持ち主に戻りました。

日本では、お金に限らず、携帯電話やカメラなども持ち主に戻ることが多いです。外国人から見ても、「日本は落し物が帰ってくる素晴らしい国だ」という印象が強いのだそうです。たくさんの外国人が驚きの声を発信しています。

落し物が戻ってくるこの日本で、救われた人もいます。

ミャンマーから日本にやってきた、二一歳のミュジャさんという男性がいました。「エンジニアになりたい」という夢を叶えるために日本にやってきました。

しかし日本に着いて数日後、全財産約七万円が入った封筒をどこかで落としてしまったのです。

そのお金は、ミュジャさんを日本に送り出すため、お父さんが大切な田んぼを売って作ってくれた大事なお金でした。ミュジャさんの夢を叶えるために家族が作ってくれたお金だったのです。

ミュジャさんはとても困り、会社の社長に相談しました。一緒に探していると、その七万円が駅に届けられていることが分かりました。

ミュジャさんは「日本人は拾った物を必ず届けると聞いていたが、これほど高額でも戻ってくるとは。本当に驚いた」「拾ってくれた人だけでなく、所長や駅員の皆さん、日本国民の全員にもお礼を言いたい。夢のためにしっかりと頑張ることで恩返しできれば」と話していました。

落し物を警察や拾得物コーナーに届けることで救われる人がいます。思いやりのある人の多い日本に生まれ、日々を過ごせていることが、なんだかうれしくなりますね。

《参考文献》『7万円戻る　感激ミャンマー人「日本を手本に」』（毎日新聞二〇一六年四月七日）

★長谷川のコーヒーブレイク

下ろしたばかりの現金を入れた財布を落としたことがある。その時は、現金のみ抜かれた財布が見つかった。とても残念な気持ちになった。現金を失ったことより、物を盗む人の存在そのものが残念だった。私はそんな体験も語る。

4 意外と知らない日本文化の話

42 世界が驚く文化―クールジャパンと出汁の文化

オススメ時期➡ 授業で日本文化について学習する前

新徳目➡ 伝統や文化の尊重・国や郷土を愛する態度

その1 アニメ・マンガ

「クールジャパン」という言葉を聞いたことがありますか。日本の文化やサービスが、海外で大人気になっていることを言います。

日本文化というと様々なものがありますが、アニメやマンガも日本文化の一つで、海外でも人気があります。

日本のアニメやマンガは、英語だけでなく、様々な国の言葉に翻訳され、世界中で見られたり、読まれたりしています。例えば、「ポケモン」は約七〇の国と地域で放送されています。また、「ワンピース」「ドラゴンボール」「ちびまる子ちゃん」「NARUTO」などは世界中のファンから愛されています。

では、日本のアニメやマンガはなぜ人気があるのでしょうか。理由の一つに、絵がとてもきれいで細かく、本物のように描かれていることがあります。また、個性的なキャラクターがたくさんいて魅力的、ストーリーがとても丁寧に作られていて面白いなどが理由として挙げられています。

毎年パリで開かれている「ジャパンエキスポ」というイベントがあります。アニメやマンガなど、日本の文化を紹介するイベントです。二〇〇〇年、第一回の参加者は、三二〇〇人程度でしたが、二〇一六年は、なんと二三万人もの人が参加しました。

アニメやマンガをきっかけとして、日本文化に興味を持つ外国人も増えています。日本を訪れた時に、アニメやマンガと同じ景色を見られたことに感動し、日本を大好きになる外国人も少なくないようです。アニメやマンガを通じて、世界と日本がつながることができているのです。

アニメやマンガのみならず、日本には様々な文化がありますす。まずは広く知り、興味を持ったものを深く学んで、海外の人々にも紹介できるようにしていきましょう。

《参考文献》『日本のアニメは何がすごいのか』津堅信之（祥伝社）／経済産業省ＨＰ：http://www.meti.go.jp/intro/kids/interview/cool_japan/

その2　和食

今、和食が世界中の人から注目されています。海外には、たくさんの和食レストランができています。日本を訪れる外国人の多くは、和食を楽しみにしています。

どうして和食が人気なのでしょうか？（話し合い）

一つは、ヘルシーでおいしいということです。和食は、「一汁三菜」が基本です。一汁三菜とはどんな食事でしょうか？（発表させる）汁物に加えて魚や野菜、豆などのおかずを三品食べる食事です。その和食が、人々の健康にとって理想的だとする研究結果が出されました。それで、太りぎみの人が増えて問題になっているアメリカやヨーロッパでヘルシーでおいしい和食がブームになったのです。

和食がヘルシーでおいしいのはなぜでしょうか。一つの理由は、砂糖や塩、醤油などの調味料を使い過ぎないことです。代わりにあるものを使っています。何だか分かりますか？（発表させる）出汁です。昆布や鰹節でとった出汁を使うことで、調味料が少なくて済みます。素材の味をそのまま変えずに、食べることができます。日本人はどれくらい前から出汁を使ってきたと思いますか？（発表させる）

日本人は八〇〇年以上前から出汁を使い、素材を活かして料理してきたのだそうです。日本人が世界一の長寿であるのは、幼い頃から健康によい和食を食べてきたことが影響していると言ってもよいでしょう。

しかし、今、ある問題が起こっています。それは、日本人が昔から大事にしてきた和食が、忘れられつつあるということです。手軽に食べられるファストフードが増えています。朝食に、白飯よりパンを食べる人も増えています。一汁三菜のそろった食事を口にする機会が減っています。ある料理人は「日本の子どもは、何が日本食で、何が洋食か分からなくなっている」と言っています。「素材の味のわからない日本人が増えた」とも。日本人である私たちが、和食を正しく理解し、将来に遺していきましょう。

《参考文献》
『JAPAN CLASS』ジャパンクラス編集部編（東邦出版）

★長谷川のコーヒーブレイク

日本文化に親しむきっかけの一つとして、アニメやマンガがあるのはよい。アニメやマンガで止まってしまっては、元も子もない。それらを生み出したおおもとを、外国人にも見つめてほしいものだ。まずは日本人の私たちから。

4 意外と知らない日本文化の話

43 日本が誇る世界遺産―屋久島・白川郷の感動

オススメ時期⬇ 私たちの国の自然を大切にする心を教えたい時

新徳目⬇ 伝統や文化の尊重・国や郷土を愛する態度

その1 屋久島

世界中で、皆で大切にしていこうと決められた自然や文化を「世界遺産」といいます。日本には二一件の世界遺産が登録されています（二〇一七年現在）。何か知っているものはありますか？（発表させる）

その中で、日本で初めて世界自然遺産に登録された場所が、鹿児島県にある屋久島です。一九九三年に世界遺産に登録されました。

屋久島には、世界でも珍しい自然がたくさん残っています。その中でも特に有名なものが「屋久杉」です。これは、とても長い間生きている杉です。

樹齢（木の年齢）が千年以上になって初めて「ヤクスギ」と呼ばれ、千年以下のスギは「コスギ」と呼ばれます。樹齢の長い杉がたくさん生えているのです。

屋久島で最も大きなスギを「縄文杉」と言います。この縄文杉、樹齢はだいたい何年くらいだと思いますか？（予想させる）

最近の研究では、樹齢二千百七十年以上なのだそうです。高さは二五メートルもあります。学校の校舎が（四階建てとして）約一三メートルくらいですから、校舎の高さの二倍もある大きなスギです。幹のまわりを一周すると、約一六メートルもあります。

屋久島に行き、屋久杉を見るためには山を登らないといけません。屋久杉を見られる場所までは大変な道のりですが、本物の屋久杉を見た時にはとても感動し、その大きさ、迫力に、圧倒されるそうです。

他にも、屋久島でしか見ることができない生き物もたくさんいます。アオウミガメやアカウミガメなど、絶滅の恐れのある生き物も見ることができます。図書室に本がありますから、興味があれば調べてみてくださいね。

《参考文献》『世界遺産大事典（上） 世界遺産検定1級公式テキスト』ＮＰＯ法人世界遺産アカデミー／世界遺産検定事務局・『みんなが知りたい！ 日本の世界遺産がわかる本』カルチャーランド（メイツ出版）

その2　白川郷《しらかわごう》の合掌造り集落

日本にある世界遺産の一つに、「白川郷」があります。「白川郷」は、岐阜県にある、庄川と呼ばれる川周辺の地域の名前です。

白川郷は、「合掌造り」の街並みで知られています。合掌造りという言葉を聞いたことがある人？　屋根が両方の手を合わせたような形になっている家の造りのことです（実際に手を合わせてみて、イメージさせるとよい。写真があれば写真を見せる）。屋根が急な傾きになっているのはなぜだと思いますか？（発表させる）

理由は大きく二つあります。一つ目は、白川郷は、雪がたくさん降る地域ですが、雪の重みで家が崩れないようにするためです。屋根が急な傾きになっていると、雪が滑り落ちるため積もりにくいのです。もし積もったとしても、雪の重さのかかり方が通常の屋根よりも小さくなり、より大きな重みにも耐えられるようになっているのです。

屋根の傾きが急になっている理由の二つ目は、屋根裏部屋を広く作るためです。この三角の部分が乗る分だけ、屋根裏が広くなります。

白川郷では、カイコという生き物を飼って、絹の糸をつくり出す仕事が盛んでした。家の中に広い空間があると、たくさんのカイコを飼うことができて便利でした。地区の人で協力してカイコを育て、助け合って生活をしていたのです。

この合掌造りには重要な特徴があります。それは、家を建てる時に、釘などの金属物が一切使用されていないということです。丸太を縄で縛って組み合わせ、屋根を支えているという珍しい造りなのです。環境や風土に合わせて生み出された素晴らしい技術です。

白川郷・合掌造りの街並みは、地域の知恵を大切にして暮らしてきた人々が残した、価値ある日本の文化なのです。

興味を持った人は調べてみるとよいですね。お家に帰ったらぜひ話題にしてみてください。

《参考文献》同右

★長谷川のコーヒーブレイク

屋久島も合掌造り集落も、子どもたちが簡単に行ける場所ではない。だが、この日本に世界遺産として認められる場所が存在することと、認定の理由とは是非知っておきたい。外国人の方が詳しい、となっては情けないものだ。

4 意外と知らない日本文化の話

44 日本の伝統技術―宮大工／寿司職人の話

オススメ時期⬇ 二学期、係や当番の仕事が疎かになってきた時

新徳目⬇ 勤労・公共の精神

その1 宮大工

日本で最も古い建物は京都にある法隆寺というお寺です。何年位前に建てられたと思いますか（発表させる）。

約一三〇〇年前のことです。海外の専門家は「千年以上前の建物が日本にあるのは信じられない」と言います。日本は海外よりも地震が多く、古い建物が残るのは難しいと考えられているからです。

しかし、法隆寺以外にも、古いお寺や神社が日本にはたくさん残っています。なぜ、古い木造の建物が地震にも負けずに残っているのでしょうか。

建物の造り方に秘密があります。日本の伝統的なお寺や神社は他の建物と造り方が異なります。一番のちがいは普通の家を建てる時には必ず使われるあるものが使われないことです。何だと思いますか。

それは釘です。釘を使わない代わりに木と木をパズルのように組み合わせて造ります。木と木を隙間なく組み合わせることでとても頑丈な建物になるのです。

これはとても難しい作業です。ちょっとでも木が長すぎたら組み合わないし、短すぎたら隙間ができてもろくなってしまいます。調整のために木を削る「カンナがけ」では、木をお札よりも薄く削る必要があります。

こうした高度な技術を持つ、神社やお寺を建てる専門の大工さんを「宮大工」と言います。

現在でもこの技術は受け継がれ、新たなお寺や神社を建てたり、古いお寺や神社を修理したりするための宮大工さんが百名ほどいます。

一人前の宮大工になるまでには厳しい修業が必要です。技術を学ぶため、親方と弟子は一緒に暮らします。新しく入った弟子は朝早くから夜遅くまで大工の仕事を覚えながら、料理、洗濯、掃除を皆の分までします。その間、テレビを見たり、遊んだりする時間はほとんどありません。

そうした厳しい修業を経た宮大工が、世界に誇れる日本の伝統的な建物を守っているのです。

その2　寿司職人

日本に来た外国人に日本食を紹介するとして、あなたならどんなお店に連れて行きますか（発表させる）。

かつて、アメリカのオバマ元大統領が日本に来た時、日本の安倍総理大臣が連れて行ったのはお寿司屋さんでした。東京都にあるそのお店は、日本で初めてミシュランという有名な会社の評価で三ッ星を取ったお店の一つです。とても人気があるため、予約をとってからでないと入ることができません。

そのお寿司屋さんを開いたのが小野二郎さんです。お店を開いたのは二郎さんが二六歳の時でした。

お店を開くまでは別のお店で働いていました。何歳から働いていたと思いますか（発表させる）。七歳です。小学校に通いながら、掃除をしたり、皿洗いをしたり、出前を届けたりしていました。皆が遊んでいる中も働いていたのです。しかし、働くことは決して嫌ではなかったそうです。

大人になった二郎さんは、お寿司を握る修業を始めます。

これは簡単な修業ではありません。握り方がきついとご飯が固くなってしまい、握り方が優しいとお客さんがつまんだ時に崩れてしまいます。

二郎さんは手先が不器用なため、親方に教えてもらった握り方がどうしてもうまくできません。どのようにして握り方を身につけたと思いますか（発表させる）。

「人の三倍練習した」と二郎さんは言います。他の人が休んでいる間に一人修業を続けたのです。

そうして握る練習を続けた結果、自分独自の握り方を身につけることができました。その握り方で握ったお寿司の味が評判となり、今では日本を代表するお店の一つとなりました。

「『不器用だからダメだ』とあきらめるのではなく、『不器用だからもっとよく考えてみよう』と取り組んだ結果、職人としての技を身につけることができた」、二郎さんの言葉です。

《参考文献》
『プロフェッショナル仕事の流儀』茂木健一郎（ＮＨＫ出版）

★長谷川のコーヒーブレイク

我が国の、特にものづくりのエキスパートの技術は世界に誇るレベルである。その道一筋に打ち込んだ人間の生き方と、その生き方から生まれる言葉からは学ぶこと大である。私もよく取り上げ、語ったものである。

4 意外と知らない日本文化の話

45 世界の常識・日本の非常識—謙遜に素直をプラス⁉

オススメ時期⬇ 身近なことも世界では当たり前でないと気づかせたい時

新徳目⬇ 国際理解・国際親善

その1 日本人のマナー

日本で撮られたある写真を見た海外の人たちは、インターネットに次のように書き込みました。「悔しいが俺たちの国では考えられないことだ」、「こういうところが日本人の凄いところだ」彼らが見たのは日本の駅の写真です。どんな写真を見たのだと思いますか（発表させる）。

彼らが見たのは駅のホームできちんと列を作って待っている人々の写真でした。海外では列を作らなかったり、順番抜かしをしたりしてしまうのが普通なのだそうです。日本のようにきちんと列を作るのは海外の常識では考えられなかったのです。

海外の人が驚くのは、決まりがなくても自分たちで列を作っている点です。「駅のホームでは並ばなくてはいけない」という法律があるわけではありません。お互いが気持ちよく過ごせるように自分たちで意識して行っているのです。海外の常識から考えると日本人のマナーはとても良いのだそうです。

この日本人のマナーの良さがさらに大きく広まる出来事がありました。二〇一一年に起きた東日本大震災です。

災害により多くの大切な命が失われてしまいました。命が助かった方も大変でした。避難先に生活をするのに必要な物がなかったからです。飲み物や食べ物が少ないことが一番の問題でした。震災後、避難所には食料や飲み水が届けられます。運べる量には限度があるため、たっぷりあるわけではありません。こんな時、海外では奪い合いや争いが起きることもあるそうです。

日本人はどう行動したでしょうか。支援の食料がトラックで運ばれてきます。すると自分たちで声をかけあい一列に並び始めました。その列は何百メートルにもなりました。このことは海外でも大きく報道されました。「世界では様々な争いがある。日本はこういう行動で世界に希望の光を見せてくれた。彼らから学ばないといけない」

報道を見た人の反応です。こうした日本人のマナーの良さを私たちも受け継いでいきたいものですね。

その2　謙虚すぎる日本人

日本ではお土産などを渡す時に、「つまらないものですが、どうぞ」と言うことがよくあります。

その場面を見た外国の人たちはびっくりするそうです。なぜ、彼らは驚くのだと思いますか（指名、発表させる）。「どうして、『つまらない』と思っている物を相手に渡すのか」と不思議に思うからだそうです。

また、お客さんにお茶を出す時に「粗茶ですがどうぞ」と言ってお茶を出す文化があります。粗茶とは「いいお茶ではない」「美味しくないお茶」ということです。

なぜ、日本ではこのような言い方をするのでしょうか。日本では昔から「自慢したり威張ったりするのは美しくないから、控えめにする」という考え方がありました。こうした考え方や態度のことを「謙遜する」と言います。

しかし、外国人から見ると時に謙遜しすぎているように見えることもあるようです。

また、日本人の中にも「謙遜しすぎないことも時に必要だ」と考えている人もいます。

ではどのように表現すればよいのでしょうか。お土産を渡す場合を考えてみましょう。「つまらないものですが」と言う代わりに何と言えばいいでしょうか。「気に入ってくれると嬉しいです。どうぞ」などの表現が考えられますね。

では、お茶を出す時には何と言えばいいでしょうか。「ちょっと良いお茶を見つけました。お飲みになってください」などの表現が考えられます。

さらに身近なことで考えましょう。何かのコンクールで賞状をもらった時、友だちから「おめでとう」と言われたとします。「いや、たまたまだよ」と言ったりすることはありませんか。このような時、外国の人は素直に「ありがとう」と言うそうです。

「謙遜」という文化を大切にしつつ、時には思いを素直に表現することも大切にしていきましょう。

《参考文献》

『謙遜は大人の世界』辻堂大地（日本図書刊行会）

★長谷川のコーヒーブレイク

褒められた時に「そんなことはありません」と返すのは、相手の善意を否定する行為でもある。相手より自分を大事にする行為だ。その方が傲慢だ。褒められたら「ありがとう。うれしいです」で良いではないか。私はそう教えてきた。

46 身近なものの誕生秘話―カップヌードル・電卓

オススメ時期⬇ 物を大切にする気持ちを持たせたい時

新徳目⬇ 伝統や文化の尊重・国や郷土を愛する態度

その1 カップヌードル

チキンラーメン。食べたことがある人?

チキンラーメンは、一九五八年に発売された、お湯をかけて少し待つだけで食べられるラーメンです。

そのチキンラーメンを開発したのが、安藤百福(ももふく)さんです。安藤さんは、なぜ、このような商品を作ったのだと思いますか(発表させる)。

商売ですからもちろん儲けるためでもありますが、それだけではありません。安藤さんは、「何か人の役に立つことはないか」と常に考え、「家庭で、お湯があればすぐに食べられるラーメンを作りたい」と思いついたのです。

しかし、開発には大変な苦労がありました。お湯をかけるだけで食べられる麺なんて、当時はどこにもありません。その麺を作るため、安藤さんは寝る間を惜しんで、一日も休むことなく開発を続けました。材料を集めて、作ってみて、うまくいかなくて、また作り直して……。そんな毎日を一年間も続けて、ようやく開発できたのです。

安藤さんは、なぜそこまでできたのだと思いますか(発表させる)。「何か人の役に立ちたい」という思いが安藤さんの支えとなっていたのです。

チキンラーメンは、そのおいしさと便利さで大ヒットしました。「今度は世界に広めよう」と、安藤さんがアメリカやヨーロッパに行った時のことです。現地の人たちが、チキンラーメンを変わった食べ方で食べ始めました。どんな食べ方をしていたと思いますか(発表させる)。

チキンラーメンを小さく割って紙コップに入れ、フォークで食べ始めたのです。これが、カップヌードル開発のヒントになりました。開発を始めて、発売までに五年もかかりました。ですが、今では世界八〇ヵ国以上、総計一〇〇〇億食も食べられている、日本生まれの世界食となりました。今では当たり前になっているカップヌードルには、安藤さんの思いと努力が詰まっているのです。

《参考文献》『史上最高の経営者 安藤百福 日清カップヌードル開発秘話』浜本哲治(ゴマブックス)

その2　電卓

電卓。今では一〇〇円で買えます。大きさはどのくらいですか。手で作ってみましょう（実物を見せる）。

日本で初めて電卓が発売されたのは、一九六四年のことでした。その時の電卓は、どのくらいの大きさだったと思いますか。手で作ってみましょう。

正解は、これぐらい（四四×四二×二五センチメートル）です（可能であれば段ボールなどを用意する）。皆の机の上にどかんと乗ってはみ出すくらいの大きさでした。

重さはどのくらいだったと思いますか。ちなみに、この電卓の重さは、五〇グラム位です（発表させる）。

正解は二五キログラム、赤ちゃん八人分位の重さでした。

値段は約五三万円。当時、新しい車が一台買える程でした。感想をどうぞ（発表させる）。

あると便利だけれど、大きくて重くて値段が高い電卓は、家庭には広まらず、主に会社でしか使われませんでした。

そこで、より小さくて軽い電卓を作るために、研究に研究が重ねられていきました。

日本初の電卓が発売されてから一九年後の一九八三年には、究極とも言える電卓がカシオから発表されました。

厚さ〇・八ミリの電卓です。どれくらいの薄さか指で作ってみて（指で作らせる）。重さはたったの一二グラムでした。電卓は、多くの人に広がっていきました。

このように電卓が進化してきたのは、多くの人が力を合わせて、様々な技術を開発してきたからです。そして、その技術は、電卓以外の物作りにも生かされていきました。

例えば、半導体技術が進歩し、性能の良いデジタルカメラやスマートフォン、電子楽器などが作られました。液晶表示の技術はデジタル時計やテレビに使われていきました。

このように、小さな電卓の中には、人類が生みだした貴重な技術がびっしりと詰まっているのです。電卓一つ取っても、物を大切にする気持ちを持って扱いたいですね。

《参考文献》『カシオ』https://casio.jp/

『シャープ』http://www.sharp.co.jp/corporate/

★長谷川のコーヒーブレイク

日本人の物作りを授業するのは、日本の教師の仕事である。最先端の技術も、世界に受け入れられた食べ物も、あるいは外国人が学びに来る我が国の伝統文化も、誇りをもって授業しよう。子どもは大いに喜ぶ。

5 知っておきたい祝祭日の意味

47 父の日に語りたい――愛父論

オススメ時期⬇ 六月、父の日に合わせて

新徳目⬇ 家族愛・家庭生活の充実

その1 父の日に何を伝えるか

小学生Aさんのお父さんの話です。Aさんのお父さんはとっても厳しい人で、いたずらをした時には、夜にもかかわらず外に出されてしまったこともありました。テストで良い点をとってもお父さんから褒められることはなく、Aさんにとって、お父さんはほんとうに怖い存在でした。

そんなある日、学校帰りのAさんは、お父さんがおもちゃ屋に入っていくのを見つけました。後をつけていくと小学生の女の子が好きそうなおもちゃを手に、考え事をしていました。そして、店員さんや、近くにきた私と同い年の子と話をしていました。

お父さんが帰った後、店員さんに、それとなく聞くと、お父さんは毎日、お店へ来て誕生日のプレゼントを吟味しているとのことでした。Aさんの誕生日のためのものだそうです。次の日も、その次の日も、何度もお店へ来て、プレゼントを選んでいたとAさんはのちに知ります。

普段は厳しいお父さんからのプレゼント、とっても嬉しかったそうです。Aさんはもう大人になったのですが、今でもその時のプレゼントは大切にとってあるのだそうです。

もう一人、Bさんのお父さんを紹介します。Bさんのお父さんは、いつもにこにこしていて優しいお父さんです。お母さんのほうが怖いくらいで、夫婦喧嘩になるといつも負けてしまいます。「頼りないなぁ」といつも思っていたそうです。

そんなある日、町でお父さんが働いている姿を見ました。お父さんの仕事は、大工さんでした。普段にこにこしている姿からは想像できないような、張りのある大きな声で、部下の人たちに指示を出したり、重そうな荷物を運んだりしていました。働いている姿を初めて見たBさんは、とてもびっくりしたのだそうです。

どのお父さんにも、普段は見せないけれども、実は優しかったり、頼もしかったりと、隠れた良さがあるものです。

皆さんのお父さんの隠れた良さも、見つけられるといいですね。その良さをぜひ伝えてあげてくださいね。

その2 パパが仕事を頑張れる理由

Cさんのお父さんのお話です。Cさんのお父さんは、仕事が毎日とても忙しく、Cさんが小さい時から、家に帰ってこられるのは週に三~四日だけでした。帰ってきたとしても夜遅くCさんが寝てしまった後。そして朝早くにまた出ていきます。Cさんは、お父さんはそういうのが当たり前なのだと思う一方で、「なんでそんなに仕事を頑張ることができるのだろう?」と不思議に思っていたのです。

ある日、Cさんはお父さんの仕事場に連れて行ってもらいました。お父さんを待っている間、ふかふかの椅子に座わり、パソコンでゲームをやらせてもらいました。

Cさんは「そうか! お父さんは仕事が楽しいから毎日頑張ることができるのか」と思いました。さすがに、ゲームは仕事の時にはしないだろうけど、パソコンを使って、楽しく仕事をしているのだろうとCさんは納得しました。

お父さんは他の人と話し合いをしたり、書類の準備をしたりしていました。家ではゆっくりのんびりしていることが多いので、きびきび動いているお父さんの姿はなんだか新鮮でした。

帰る直前、Cさんは、お父さんの机の引き出しをこっそり開けてみて、驚きました。真っ先に目についたのが、家族の写真とCさんの写真、そしてCさんが幼稚園の時、父の日に書いた「パパがんばってね」という手紙でした。

その時、Cさんは思いました。「仕事は確かに楽しいかもしれないけれども、それ以上に私たちのためにがんばってくれているんだ」

Cさんは、普段はなかなか話す機会のないお父さんの気持ちが伝わり、とっても嬉しかったそうです。

多くのお父さんが、直接口には出さないけれども、家族のことを思い、毎日頑張っています。

父の日には手紙の一つでも書いてみませんか。

《参考文献》
『パパが仕事を頑張れる理由』STORY.JP(https://storys.jp/story/10080)

★長谷川のコーヒーブレイク

おもちゃ屋に入る父親の後をつけるとか、勝手に机の引き出しを開けるとか、少々無理のある設定である。高学年にもなれば、そのような点に突っ込みを入れる子どもがいるだろう。TPOと対象を吟味して語りたい。

5 知っておきたい祝祭日の意味

48 母の日に贈りたい――愛母論

オススメ時期⬇ 五月、母の日に合わせて

新徳目⬇ 家族愛・家庭生活の充実

その1 母親という仕事

今日は、世界で一番大変な仕事を紹介します。

どんな仕事のことか、分かった人は手を挙げます。

簡単な仕事ではありません。でも、とても大切な仕事です。

目の前にいる相手を見守るのが主な仕事です。

片時も目を離すことができません。

見守るだけでなく、もっといろいろなこともします。料理人のようなことや、お医者さんのようなこともします。

ほとんどの時間、立って仕事をします。立ってする仕事と、かがんだ姿勢でする仕事が多いので、腰が痛くなります。とても体力が要ります。

一週間に七日間、夜も満足に寝ることなく働きます。休日はありません。休憩時間もありません。

食事は、他の人が食べ終わったあとに取ります。

常に気を配り、時には一睡もせずに仕事をすることもあります。

自分の好きなことをする時間は取れません。クリスマス、お正月などには、仕事の量がいっそう増えます。

やりがいのある仕事だと思いますか（数名に指名）。

この仕事はボランティアと同じく、お給料がありません。

一カ月に三〇日働いても、一円ももらえません。

しかも、相手の近くを離れることはできません。

それでもやってみたいと思う人（挙手させる）。

世界中でどれくらいの人がこの仕事をしていると思いますか（指名）。

一〇億人近くです。

どんな仕事だと思いますか。近くの人と相談しましょう。

正解は、「お母さん」です。

皆さんの家にもいますね。

今週末には母の日があります。皆さんはお母さんにどんな言葉をかけますか。ノートに書いてごらんなさい。

《参考文献》アメリカン・グリーティング社作成CM動画
https://www.youtube.com/watch?v=WcidfzflWdE

その2 有名な人のお母さんの話

（浅井力也氏の作品を写真にして数枚提示）

どんな感想を持ちましたか（指名）。

これらの作品を描いた人が、浅井力也さんです。

浅井さんは、生まれてくる時、へその緒が首に絡まったまま生まれてきました。そのことが原因で、重い障害が残りました。体が弱く、すぐに高熱を出してしまいます。熱が下がってもまた新しい病気になり、入院や手術を何度も繰り返しました。

浅井さんは一人で生きていくことができません。その力也君を支えたのが、お母さんの美和子さんです。

障害のために、手足は硬くなり、動かすことが困難です。それを開くためにリハビリを行います。親子でするリハビリはとても痛く、大変なものでした。

浅井さんが四歳の時のことです。浅井さんには、食べ物を嚙む力がありません。少しでも自分で食事ができるようにと、お母さんが嚙んだ食事を食べさせることにしました。しかし、お母さんの虫歯のばい菌が、浅井さんの体に入ると大変です。

そこで、お母さんは、自分の健康な歯を、一本残らず全部抜いてしまいました。お父さんにも、歯医者さんにも反対されたのに、お母さんは浅井さんのことを一番に考え、抜いてしまったのです。感想をどうぞ。

四歳の浅井さんは、「ママ、痛かったでしょう……。ぼくのために、ごめんね……」と、何度も言ったそうです。

浅井さんは、この頃から絵を描き始めました。

一一歳で絵画集を出し、教科書の表紙にも使われました。

現在ではハワイと日本を行き来しながら、絵の展覧会を開いています。

もう一度、浅井さんの絵を見ます。どんな感想を持ちましたか。

「無意味に生まれてくる赤ちゃんはいない。人間には必ず神様から与えられた仕事がある」お母さんの言葉です。

《参考文献》

『夢色の絵筆』遠藤町子（くもん出版）

★長谷川のコーヒーブレイク

一歳で母親との間に安定した愛着が形成された子どもは、幼稚園では注意深く物事に集中することができ、小中学校では好奇心とレジリエンスを示し、高校を中退することなく卒業する確率が著しく高かった。母は偉大である。

49 祝日の意味―元日・成人の日／建国記念の日を語る

オススメ時期⬇ 一二月、冬休みの前

新徳目⬇ 伝統や文化の尊重・国や郷土を愛する態度

その1 元日

元日には多くの人が初詣に行きます。この日、皆さんと同じように神様にお祈りをする方がいます。天皇陛下です。天皇陛下は、元日の朝早くから、その日しか着ることのない衣装を着て、特別な場所でお祈りをします。

これを四方拝と言います。四つの方角それぞれに、神様にお越しいただいて、作物が豊かに実るように、様々な災害や病気、争い事などが国民に降りかからないようにとお祈りします。この時、「悪いことは、まず私の身を通してください」と祈るそうです。四方拝の様子は私たちが見られるものではありませんが、その年に起こるかも知れない災難から、国民をお守りくださいとお祈りしてくださっているのでしょう。

天皇陛下のお祈りと時を同じくして、私たちは神社やお寺に初詣に向かいます。皆さんはお正月に何をしますか。初詣に行くならば、どんなことをお祈りしますか。

《参考文献》

『天皇陛下の全仕事』山本雅人（講談社現代新書）

その2 成人の日

成人の日は、大人になったことをお祝いする日です。法律では、二〇歳以上が大人ということになります。

昔の日本には元服という儀式がありました。平安時代の貴族男子は一二歳になると一人前の大人として髪を切り揃え、冠をかぶることが許されました。

江戸時代の武士は、地方によって年齢は一三歳から一六歳と様々ですが、元服によって刀を提げることが許されました。相手を傷つける刀は、自分自身でしっかり責任を取れて初めて身につけることを許されたのです。

現在では二〇歳になると誰もが自動的に大人と見なされますが、昔の元服はお経を読むこと、漢文を書くこと、楽器を演奏することなど、大人になるための厳しい試験をクリアすることで許可されたのです。

大人になるとは本来は自分で責任を持つことと、大事な何かができるようになることなのです。

《参考文献》『冠婚葬祭ってな～に？』工藤忠継ほか（ニューミ

レニアムネットワーク）

その3 建国記念の日

世界にはたくさんの国があります。そして、ほとんどの国で、その国ができた日をお祝いする、「建国記念日」や、「独立記念日」があります。一方、現在の日本には「建国記念日」が存在しません。あるのは、「建国記念の日」です。なぜ「建国記念日」ではないのでしょうか。

日本を作った神様たちの物語が書かれた「日本書紀」には、紀元前六六〇年の一月一日に、神日本磐余彦《かんやまといわれひこのすめらみこと》 天皇が神武天皇として即位し、それが日本の始まりとされています。

現在日本では、二〇〇〇年というように、年号は西暦で表していますが、一九四五年の大東亜戦争（太平洋戦争）前までは、この神武天皇が即位した年を日本の始まりとする、「皇紀」が使われていました。今年の年号を、皇紀で表すと、西暦に六六〇年を足した、二六七八年になります。

日本は明治時代以降、二月一一日を祭日にしていました。「紀元節」と言います。「紀元節」は、日本の初代天皇、神武天皇が即位した「日」とされています。

敗戦後の一九四七年に祝日に関する法律が変更され、紀元節をお祝いできなくなりました。

日本は諸外国とちがって、大昔に占領された歴史を持ちません。いつの間にか国ができあがり、徐々に現在の形になってきました。だから、建国の明確な日付を証明する記録がないのです。神武天皇の即位した日が二月一一日とは証明できない。史実とは言えない。しかし、明治以降国が始まった日とされてきた二月一一日を祝日としたい。

そこで知恵を絞って、「建国記念の日」としました。「の」を入れることで、「日本という国ができた日」でなく、「日本という国ができたことをお祝いする日」としたのです。一九六七年のことでした。

現在の天皇陛下は、神武天皇から数えて一二五代目になります。皇紀二六七八年。およそ三〇〇〇年も続く、世界一古い国、それが日本なのです。

建国記念の日。皆さんはどんなことをしますか。

★長谷川のコーヒーブレイク

成人の意味を語る場は、中学高校には多いが、小学校にあるだろうか。成人の日前後あるいは二分の一成人式の際に語るのがベターであろう。建国記念の日の意味を正しく語ることは、日本人の嗜みである。ただの休日にしてはならない。

50 祝日の意味―春分・秋分／憲法記念日／昭和の日を語る

オススメ時期⬇ 祝日の前

新徳目⬇ 伝統や文化の尊重・国や郷土を愛する態度

その1 春分の日・秋分の日

祝日の中には、毎年の国会で何日にするか決めている日があるのを知っていますか。春分の日と秋分の日です。会議によって決めるので、毎年、日にちが変わります。

さて、春分と秋分とはどんな意味なのでしょうか。一年に二回だけある「昼の長さと夜の長さが同じになる日」を春分、秋分と言います。年によってその日は変わるので天文台の表をもとに総理大臣も出席する会議で決めます。

さて、ずっと昔から、この日本では春分の時期に野菜やお米がたくさんできるようにお祈りをして、秋分の時期にとれた野菜やお米を供え天に感謝をしてきました。

また春分、秋分はそれぞれお彼岸と言ってご先祖のお墓参りをする時期にも当たります。お盆はご先祖様をこちらに迎えますが、春分と秋分はこちらからご先祖様に会いに行きます。

自然の恵みに感謝し、ご先祖様を思う日が春分の日・秋分の日なのです。

その2 憲法記念日

「お酒を飲むのは二〇歳を超えてから」、「赤信号は渡ってはいけない」、「人を殴ってはいけない」。これらは法律によって決められています。他にどんな法律があるのを知っていますか（発表させる）。

一つひとつの法律のおおもととなっているのが憲法です。憲法は大きく次の三つを定めています。「平和を大切にすること」、「政治の主人公は国民であること」、「生まれながらの権利を大切にすること」です。

この憲法が実行されたのが一九四七年の一一月三日なので、一一月三日が「憲法記念日」となりました。

法律は国会で審議され、新しく作られたり、不適切なものが削除されたりします。毎年、憲法記念日には憲法を変えるべきかどうかが話題となります。今年は、そういった動きにも注目してみるといいですね。

《参考文献》

『国民の祝日の由来がわかる小事典』（PHP研究所）

その3　昭和の日

今年は平成三〇年ですね。この平成のことを元号と言います。平成の一つ前の元号を何と言うか知っていますか？

昭和です。昭和は「激動の時代」とも言われています。いろいろなことがあり時代が激しく動いた、という意味です。

昭和の時代にどんなことが起きたか知っている人はいますか？（発表させる）昭和時代にはテレビや冷蔵庫、洗濯機など多くの家電製品が各家庭に広まり、生活が豊かになりました。また新幹線が開通したり、日本で初めてのオリンピックが開かれたりと日本が世界的に有名になった時代でした。

良い出来事ばかりではなく、悲しい事件や出来事もありました。特に爆弾などによって多くの命が奪われた出来事がこの昭和の時代に起きました。何が起きたか知っていますか。戦争です。日本も外国と戦争をしたのです。

戦争末期、日本にはたくさんの爆弾が落とされ、多くの命が失われました。自分の家族や将来生まれてくる私たちのために戦い、命を落とした人たちも大勢いました。

こうした激動の時代を忘れずに、将来に活かしていくことを目的として作られた祝日が昭和の日です。

昭和の日である四月二九日は昭和天皇の誕生日であり、もとは「天皇誕生日」という名前の祝日でした。昭和天皇とはどのような人だったのでしょうか。一つエピソードを紹介します。

日本が戦争に負けた後、昭和天皇はアメリカの軍人、マッカーサーと面会しました。そこで天皇陛下はあるお願いをしました。どんなお願いをしたでしょうか。

「私の命はどうなってもいい。日本の国民だけはどうか助けてほしい」というお願いでした。その後、天皇陛下は全国をお見舞いして回ります。沖縄以外の全国、約一一四〇カ所を訪れました。どのくらい時間がかかったと思いますか。約八年半です。三万三千キロの移動でした。全国どこに行っても、国民の大歓迎を受けたのでした。昭和の日は、こうした昭和天皇の行いに敬意を表して作られた祝日でもあるのです。

《参考文献》同右

★長谷川のコーヒーブレイク

これだけの紙幅で昭和を語るには無理がある。だが、「昭和天皇の誕生日だったからお休みです」などと愚にもつかない説明をするのに比べれば、この程度の語りでも価値がある。昭和天皇の全国巡幸については別途語る必要があろう。

5 知っておきたい祝祭日の意味

51 祝日の意味―みどりの日／こどもの日を語る

オススメ時期⬇ 祝日の意味を知り、過ごし方を変えたい時

新徳目⬇ 自然愛護・家族愛・家庭生活の充実

その1 みどりの日

もうすぐゴールデンウィークです。皆さんはどのように過ごしたいですか（発表させる）。

ゴールデンウィークはもともと五月三日から五日までの三日間のことを意味していました。これらが前後の土日などと結びつくことで、今では一週間ほどの休みとなっています。

三日間の真ん中。五月四日は何の日ですか（みどりの日）。

「みどり」と聞いて思い浮かぶことをお隣さんに言いましょう（草、木、森、葉っぱ、自然環境など）。

そうです。ここでは草や木などの自然のことを意味しています。内閣府ではこの日の意味合いを「自然にしたしむとともにその恩恵に感謝し、豊かな心をはぐくむ」と定めているのです。

以前、みどりの日は昭和天皇の誕生日でもある、四月二九日となっていました。昭和天皇は植物がとても好きで、自然のことをとても大切に思っていたからです。

昭和天皇が亡くなられた後、しばらくは四月二九日をみどりの日としていました。

しかし二〇〇七年に法律が変わり、その日が「昭和の日」とされたことで、みどりの日は五月四日へと移動しました。

それ以前は五月三日と五日が休みなのに、四日だけ休みではないため「飛び石連休」と呼ばれていました。四日も休みになったことで、今ではまとまった休みを取ることができるようになりました。

この日、全国各地で多くの植物園や公園が無料になります。「自然に親しんでほしい」「植物を好きになってほしい」、そういった思いが伝わってきますね。

もう一度聞きます。皆さんはゴールデンウィークをどのように過ごしたいですか。

ゴールデンウィークの予定に、普段はなかなか足を運ぶことのない植物園や公園を入れてみるのはどうでしょうか。

《参考文献》『まるごとわかる　365日ものしり百科』谷川健一（日本図書センター）

その2　こどもの日

五月五日はこどもの日です。書き表し方として正しいのは、次のうちどれでしょうか。

「①子供の日、②子どもの日、③こどもの日」（板書）

答えは「③こどもの日」です。法律でそのように決められているのです。

この五月五日に、皆さんの家ではどんなことをして過ごしますか（発表させる）。

五月五日は「端午の節句」と言って、病気やケガ、災害などの良くない出来事を私たちから遠ざけるための行事の日でした。この日にちまきや柏餅を食べるのは、「生まれてきたばかりの子がすくすくと元気に育つように」と願ってのことです。

では、なぜ鯉のぼりを飾るのでしょうか。

鯉は流れが速い川でも元気に泳いで上る魚です。また「流れの激しい川を上りきった鯉は竜になる」という言い伝えもあります。それほどたくましい鯉のように「子どもたちも元気に育ってほしい」という願いを込めて、鯉のぼりを飾るのです。

このように、大人たちが子どもの健康や将来を祈り、祝ってきたのがこどもの日です。

では、子どもたちはどのようにして過ごせばよいのでしょうか。

法律では「こどもの人格を重んじ、こどもの幸福をはかるとともに、□に感謝する」と定められています。□には漢字一字が入ります。何という漢字だと思いますか。

答えは「母」です。皆さんがこの世界に生まれてくることができたのは、お母さんが産んでくれたからです。また元気に育っていくためにはお母さんの力が欠かせません。

子どもたちはお母さんやお家の人に、ここまで育ててくれた感謝の気持ちを伝える。それがこどもの日なのです。さあ、どんな言葉で伝えましょうか。一緒に考えましょう。

《参考文献》『まるごとわかる　365日ものしり百科』谷川健一（日本図書センター）

★長谷川のコーヒーブレイク

こどもの日の法的な定義を教えた際、「じゃあ、父親はどうなるんだよ」と言った子どもがいた。その瞬間、どう応じるか。対応力が試される。語りを準備する際は、予想される子どもの反応をも書き出し、レスポンスを考えておくと良い。

52 祝日の意味―海の日・山の日・敬老の日・体育の日の由来

オススメ時期⬇ 私たちの国の祝日の意味を教えたい時

新徳目⬇ 自然愛護・感謝

その1 海の日

七月の第三月曜日は「海の日」です。海の日は、もともとは七月二〇日で、以前は「海の記念日」と呼ばれていました。約一五〇年前、明治天皇が鉄の船に乗って、青森や函館を回りました。天気が悪く、波も高く、危険な状態でしたが、七月二〇日に無事に横浜の港に着くことができました。その無事を記念して、「海の記念日」ができたのです。今では「海の日」と名前は変わり、「海の恵みに感謝する日」となっています。

さて、日本の周りは海で囲まれていますが、それによってどんな良いことがありますか。魚や貝など海産物が豊富に採れたり、海水浴などのレジャーができたりします。さらに、海があるおかげでこれまで周りの国との争いに巻き込まれることも少なかったという良さもありました。

日本に生まれ、私たちは海からの恵みをたくさん受けています。海の日にはこれらのことを思い出し、感謝の気持ちを持てるといいですね。

その2 山の日

「山の日」は、二〇一六年に定められた新しい祝日です。「海の日」があるのに、なぜ「山の日」はないのかという意見が多く出されたことから、「海の日」の制定後二〇年を経てようやく定められました。

「山の日」は、山に親しむ機会を得て、山の恵みに感謝する日と定められています。

日本は、国土の約七割が山と森でできている山の国です。私たちは、山からたくさんの恵みを受けてきました。

例えば、山の豊かな自然のおかげで、安全でおいしい水を飲むことができます。食料も豊富にとれます。また、多くの緑・美しい自然によって、日本人の豊かな心がはぐくまれてきました。

山の日には、山の恵みに感謝するとともに、「多くの人にふるさとの山の美しさや大切さを感じてほしい」という願いが込められています。山の日には家族で山に登るなど、自然の美しさを感じる時間を持ちたいですね。

その3　敬老の日

「敬老の日」は、長いあいだ社会のために働いてきたお年寄りに感謝し、「これからも長生きしてください」と願う日です。

制定のきっかけをつくったのは、門脇政夫さんという人です。門脇さんは兵庫県のある村の村長でした。

戦争中、日本中の村々から若い男性が戦地に出て行きました。戦争が終わった後も、両親はわが子のことを思いながら生活しています。ふるさとに戻ってきた子どももいれば、二度と戻ることのなかった子どももいました。

門脇村長は、親御さん方に元気を出してほしいという気持ちを込めて、九月一五日を「としよりの日」と定め、敬老会という行事を開催することにしました。

その後、全国にその運動が広がっていきました。

現在は、九月の第三月曜日が「敬老の日」です。これからもお年寄りに親切にして、誰もが安心して生活できる社会をつくっていきましょう。

その4　体育の日

「体育の日」は、国民がスポーツに親しみ、健康な心やからだをつくることを願う日です。

現在の「体育の日」は一〇月の第二月曜日ですが、昔は一〇月一〇日でした。これは、昭和三九年一〇月一〇日に東京オリンピックの開会式が行われたことを記念しています。

東京オリンピックには世界中から多くの人たちが来て、毎日、お祭りのように盛り上がりました。日本人はカラーテレビで大会の様子を見ることができました。おかげで、毎日、どこもかしこもスポーツの話題でもちきりでした。東京オリンピックをきっかけに、日本人のスポーツに対する関心が大きく高まったのでした。

体育の日をきっかけに、今まで以上に健康や体力に関心を持ち、スポーツにチャレンジしてみましょう。

《参考文献》

『一年まるごと　きょうはなんの日？　国民の祝日』編集委員会編（文研出版）、『広報たか』二〇一六年九月号（多可町役場）

★長谷川のコーヒーブレイク

中高生の祝日はほぼ全日部活動で埋まる。小学生は何をして過ごすのか。私自身、興味津々である。もちろん全員が全員、祝日の意味どおりに過ごす必要はないし、そうなるはずもないが、何を祝う日なのかを知っていることは大切だ。

53 祝日の意味―文化の日・勤労感謝の日・天皇誕生日のこと

オススメ時期⬇ 二学期、それぞれの祝日が近くなった時

新徳目⬇ 感謝・伝統や文化の尊重・国や郷土を愛する態度

その1 文化の日

一一月三日は「文化の日」という祝日です。何を祝う祝日か知っていますか。

日本の国にとって一番の基本となる決まりを何というか知っていますか。そうです。日本国憲法です。一九四六年一一月三日、日本国憲法が正式に発表されました。それを祝って、祝日とされたのです。「自由と平和を愛し、文化をすすめる」日だそうです。ちなみに日本国憲法は、公布から半年後の一九四七年五月三日に施行されました。そこで五月三日も憲法記念日として国民の祝日になっています。

文化の日には、もう一つお祝いすることがあります。一一月三日は、三代前の明治天皇の誕生日なのです。

明治天皇は、日本が世界の国々に負けない力を持った国になるよう、一所懸命に励んだ方です。一九四五年に戦争が終わるまでは、一一月三日は明治天皇の誕生日をお祝いする祝日でした。今でも東京の明治神宮では、明治天皇をお祝いするお祭りが開かれています。

その2 勤労感謝の日

一一月二三日は何の日か知っていますか。「勤労感謝の日」です。勤労とは、働くという意味です。毎日働いている人に感謝する日です。皆さんは誰に感謝しますか（発表させる）。お父さん、お母さんなどですね。

この日はもともと「新嘗祭《にいなめさい》」と呼ばれ、収穫を祝うお祭りが行われる日でした。天皇陛下がご自分で育てた稲を刈り取って、ご飯やお酒を作ります。それを神様にお供えし、たくさんお米ができたことに対する感謝の気持ちを表したのです。

神様は、太陽の神様です。日本は国の名前や国旗に用いるほど、太陽を大切にする国です。「太陽の恵みのおかげで、お米をたくさん食べることができます。ありがとうございます」と感謝を伝える。それが勤労感謝の日のもともとの形なのです。お家の人だけでなく、豊かな恵みをもたらしてくれる大自然や空に輝く太陽にも感謝ができると素晴らしいですね。

その3 天皇誕生日

一二月二三日は何の日か知っていますか（発表させる）。「天皇誕生日」です。今の天皇陛下の誕生日をお祝いするための日なのです。

今の天皇陛下のお父さん、昭和天皇の時は今とちがって、四月二九日が天皇誕生日でした。その日は現在、何という祝日になっていますか（昭和の日）。そうですね。一一月三日は、今は文化の日ですが、この日も三代前の明治天皇の誕生日でした。それだけ、天皇陛下の誕生日は大切にされているのです。

その天皇陛下は、簡単に言うならば日本及び日本人を代表する人です。どのようなお仕事をされているか知っていますか（発表させる）。

たくさんの仕事があります。一番大切だといわれているのが日本のため、日本人のためにする神様へのお祈りです。毎月のように長時間正座をし、姿勢を正して、神様にお祈りをします。一月一日などの特別な日には、一日中お祈りをします。やりたい、やりたくないという意思は関係ありません。そうするのが天皇陛下の仕事なのです。「さまざまな国の災難や人々の苦しみは、まず最初にわたしの体を通りますように」と、自分が犠牲になってもいいから、国や人々が平和になりますようにとお祈りをしているのです。

他にも、日本国を代表する人として、外国から来た偉い人をお迎えしたり、外国の式典に出席されたりします。国内でも、様々な式典に参加されます。

また、地震などが起きた時には被災地を訪れてお見舞いをします。地面に膝をついて、いろいろな人にお声かけする姿は皆さんも見たことがあるかもしれませんね。

その他にも日本のための仕事、天皇陛下にしかできない仕事をたくさんたくさん抱えています。

この日本を誰よりも大切に思い仕事をする、特別な人の誕生日だからこそ、祝日になっているのです。

《参考文献》『記念日・祝日の事典』加藤迪男編（東京堂出版）／『天皇のすべて』不二龍彦（学研）

★長谷川のコーヒーブレイク

天皇陛下及び皇室を特権階級と見做し、「天皇制」なる珍妙な呼び名を作り、打破を叫ぶ輩がいる。無知である。天皇陛下は自由意思で生きることすら許されない。それでなお、日本国及び日本人の安寧をお祈りになる。究極の利他である。

6 語り継ぎたい日本の偉人・先人

54 日本を切り開いた科学者―湯川秀樹・仁科芳雄

オススメ時期⬇ 苦しい時も頑張ることが大事だということを語りたい時

新徳目⬇ 希望と勇気・努力と強い意志

その1 日本に希望を与えた湯川秀樹

日本の研究者に、湯川秀樹さんという人がいます。

湯川さんは、「粒子」という分野の博士です。「粒子」というのは、とても小さな粒のことです。

例えば、鉛筆。鉛筆をバラバラにします。それを、もっと細かく分けます。分けたものをさらに細かく分けます。何度も分けていくと、最後は「原子」という小さな粒になります。原子には、「炭素」「酸素」などがあります。聞いたことがある人？

湯川さんが子どもの頃、お父さんが何度もした話があります。それは、「学校のテストでいい点を取るための勉強ではなく、自分が好きな勉強をたくさんしなさい」ということでした。そのため、湯川さんは子どもの頃から、英語で書かれたものも含め、たくさんの本を読み学びました。

湯川さんが大人になったころ、「原子」という粒の中に、さらに「陽子」と「中性子」という、もっと小さな粒が入っていることがわかりました。

湯川さんは、そのような小さい粒が、どうしてバラバラにならないで近くに存在するのか、不思議に思いました。

寝ても覚めてもそのことを考えました。寝ながら思いついたことがあれば、枕の横に置いたノートに書きました。

その結果、陽子と中性子は、お互いに「何か」をキャッチボールしている。だからバラバラにならないのだと考えるに至りました。その「何か」こそ、のちに湯川さんが大発見する「中間子」だったのです。

この発見が評価され、湯川さんは日本人初のノーベル賞を受賞しました。ノーベル賞にふさわしい研究をしていた日本人はたくさんいましたが、実際に受賞をしたのは初めてのことでした。海外の研究者も、「日本にユカワのような人物がいたとは驚きだ」と話していたそうです。

自分の興味があることを一所懸命勉強し、寝ても覚めてもそのことを考える、そのような熱があってこそ、世界でも認められる研究になったのですね。

《参考文献》

別冊宝島二〇八三号『ノーベル賞と日本人』（宝島社）

その2　日本の原子物理学の父、仁科芳雄

仁科芳雄さんという研究者がいます。聞いたことがある人？　仁科さんは物理学という、理科の一分野で有名な先生です。物理学というと難しいと感じる人がいるかもしれませんが、電気やレントゲンなど、皆さんの生活になくてはならない学問です。

仁科さんは海外で勉強をした後、日本に戻り研究所を作りました。仁科さんがよく使った装置が、「加速器」です。これは、電子という小さい粒を、ものすごいスピードに加速させる装置です。当時の最先端の機械を使って、仁科さんは様々な研究成果を出しました。

しかし、順調に進んでいた実験に邪魔が入ります。敗戦後、外国人から戦争中に武器を作っていたという疑いをかけられ、加速器を無理やり海に沈められてしまったのです。

仁科さんは大きなショックを受けました。しかし、再び立ち上がり、教え子の教育に力を尽くします。結果として、日本人初のノーベル賞に輝いた湯川秀樹博士を始め、優秀な教え子がたくさん育ちました。そのため、仁科さんは「日本の現代物理学の父」と言われています。

その後、仁科さんは理化学研究所という研究所の所長になりました。そこに最新の加速器を作り、さらに多くの研究を重ねたのでした。

時を経て二〇一六年、九州大学の森田浩介先生が新しい元素を発見し、「ニホニウム」という名前を付けました。新しい元素の名前を決める際、候補になった別の名前があります。何だと思いますか？「ニシナニウム」です。科学者にとって、自分の名前が残るというのはとても名誉なことです。なぜ「ニシナニウム」という名前が候補になったのでしょうか。実は、元素の発見のために使われた装置が、加速器だったのです。加速器があったからこそ発見された元素。自分だけでなく、教え子を育て、日本のために研究を続けた仁科さんの仕事の素晴らしさが伝わってきますね。

《参考文献》『原子物理学の父　仁科芳雄』井上泉（岡山文庫）

★長谷川のコーヒーブレイク

ノーベル賞を受賞しない方がおかしい。そんな研究成果を挙げた日本人が複数存在した。日本人だから受賞できないとまで噂される状況だった。それでも我が国の科学者は負けなかった。その歴史が現在の受賞ラッシュにつながっている。

55 スポーツの偉人―野球の王／柔道の嘉納

オススメ時期⬇ 偉人の生き方に触れ、自分の生き方を考えてほしい時

新徳目⬇ 親切・思いやり

その1 王貞治

元プロ野球選手、王貞治さん。世界で最も多くのホームランを打った人です。その記録は今でも破られていません。

バッターとしてそれだけの成績を残した王選手ですが、小さな頃はピッチャーをしていました。

持ち前の野球センスと負けん気でどんどん上手になりました。中学生の頃に、たまたまプロ野球選手に声をかけてもらい、アドバイスをもらったおかげでさらに上手になりました。

高校一年生の時、ピッチャーとして相手に一点も取らせない投球をしました。この上なく素晴らしい内容でしたから、王選手もとても嬉しくなりました。皆さんが王選手だったら、どんなふうに喜びますか（指名、発表させる）。

王選手は持っていた野球のグラブを空へと放り投げ、全力で喜びを表現しました。

すると、その様子を見ていた王選手のお兄さんが、本気で怒りました。

「グラブを放り上げるなんて。相手はどんなに惨めな思いをするか。負けた相手の気持ちも考えろ」

この時代、「男は黙って行動」という雰囲気がありました。口数を多くするのではなく、自分の思いや考えは行動で示そうということです。

王選手はお兄さんのこの教えを素直に受け入れました。

その後プロ野球選手となり、バッティングを専門にするようになりました。コーチの教えもあってホームランを次々と打つような、すごい選手へと成長しました。しかし、プロになってからもお兄さんの教えを大切にしました。

結局、二二年の現役生活の中でガッツポーズをしたのは、当時のホームラン世界記録を追い抜いた時に応援してくれた観客に対して両手を上げて応えた、その一回のみでした。

お兄さんの教えは今でも王さんのお家の約束として、子どもたちへと受け継がれているそうです。

《参考文献》

『野球にときめいて』王貞治（中央公論新社）

その2 嘉納治五郎

日本で昔から大切にされてきた武道に、柔道があります。最初に柔道を生み出したのは嘉納治五郎という人でした。

嘉納は一八六〇年に生まれました。江戸時代が幕を閉じて明治時代が幕を開けようとする激動の時代でした。

中学生の嘉納は体が小さくひ弱だったため、上級生に毎日のようにいじめられていました。悔しい気持ちになりながらも、「体と心を鍛えて必ず強くなる」と固く決意します。

ちょうどその頃、嘉納家を訪れる人の中に、相手の力を使って人を倒す「柔術」という、日本の伝統的な武道を学んでいる人がいました。ひ弱な自分でも上級生に勝てると考え、「僕に柔術を教えてください」とお願いします。

しかし「柔術なんて時代遅れ。学ぶのはやめておいた方がいい」と言われてしまいます。古いものでなく、新しい物事を学ぶ方が良いと言われたのです。

あなたが嘉納ならばどうしますか（発表させる）。

彼は諦めず、柔術を教えてくれる人を探し続けました。そして一八歳の時、ようやく師匠に出会います。

毎日の稽古の中で嘉納は何度も何度も投げられます。体は擦り傷だらけ。それでも学び、力をつけていきました。

その後、他の流派からも学び、「体と心を鍛え、立派な人間になる」ことを目指し、西洋の教育理論などを取り入れた「柔道」を新たに作りあげました。自分の道場を作り、そこで育った弟子が広く活躍します。柔道の文化は、次第に外国にまで広がっていきました。

嘉納が五〇歳の時、フランスの駐日大使に「オリンピックは、世界の平和と友好のための国際大会ですが、アジアの国からの参加はありません」と声をかけられます。

嘉納は「勝ち負けよりも参加することが大切とは、柔道の考え方と似ています。協力します」と応えました。

嘉納の努力によりアジアの国々もオリンピックに参加し、東京での開催も実現することができたのです。

《参考文献》『10分で読める スポーツで夢をあたえた人の伝記』
塩谷京子監修（学研教育出版）

★長谷川のコーヒーブレイク

王、嘉納、二人に共通するのは心を鍛えてくれる師匠の存在である。王の場合は血を分けた兄であり、嘉納の場合はようやく巡り会えた柔術の先生であった。技術を教え得る指導者は多いが、心を整え高め得る師匠は少ないものだ。

6 語り継ぎたい日本の偉人・先人

56 スポーツ界に貢献した人―マラソン・金栗四三／サッカー・釜本邦茂

オススメ時期⬇ 四月、体育祭、競技大会前

新徳目⬇ 希望と勇気・努力と強い意志

その1 金栗四三《かなくりしぞう》

日本人が初めてオリンピックに参加した年はいつか知っていますか。今から一〇〇年以上も前の一九一二年です。オリンピックが始まって五回目の大会です。そこに、男子マラソンの金栗四三という選手が参加しました。

金栗選手は、オリンピック出場を決めた大会で、それまでの世界記録を二七分も上回る記録（二時間三二分四五秒）で優勝しました。周りの人たちは、「オリンピック日本初参加で、初の金メダルを取れるのではないか」と期待しました。

いよいよ迎えたオリンピック。圧倒的実力をもつ金栗選手は金メダルを取れたでしょうか。取れませんでした。予想外の暑さで日射病にかかり、ゴールすることもできませんでした。

しかし、この辛い体験が、金栗選手をさらに強くします。金栗選手は、厳しい状況でも結果が出せるように、様々な工夫をしました。例えば、夏の暑さにも負けないように、真夏の一番暑い時間帯に練習を行いました。酸素が薄い場所（高地）で、呼吸が苦しい中での練習も行いました。そのような厳しい練習の成果が現れ、金栗選手は、その後二度も、世界最高記録を出すことができたのです。

金栗選手の素晴らしさは、自身のランナーとしての活躍だけではなく、それを日本のために役立てた所にあります。

金栗選手は、全国各地を歩いて回り、世界記録を出した練習方法を伝えたり、選手や指導者のやる気を高めたりしました。

さらに、今では当たり前に行われている「駅伝」を、世界で初めて作りました。お正月に一〇〇万人以上の人が観戦する大人気の「箱根駅伝」も、彼が作ったのです。

そこで力をつけた選手の中から、世界大会やオリンピックに出場する選手が続々と現れています。

自分のために精一杯努力し、身につけた力を周りのために役立てた金栗選手がいて今の陸上界の発展があるのです。

《参考文献》『走れ二十五万キロ―マラソンの父金栗四三伝』長谷川孝道（熊本日日新聞社、熊本陸上競技協会）

その2　釜本邦茂

日本男子サッカーは、オリンピックで何回メダルを取ったことがあると思いますか。〇回？　一回？　二回？　三回以上？（挙手させる）一回です。今から五〇年前、一九六八年に行われたメキシコオリンピックでのことです。

その時に、日本代表の中心メンバーとして大活躍していたのが、釜本邦茂という選手です。

釜本選手はこの大会で、日本人初（アジア人初）の得点王に輝きます。得点王というのは、その大会で一番多くゴールを決めた選手のことです。

その釜本選手と代表メンバーの活躍のおかげで、日本国内で毎年行われていたリーグ戦の人気は急激に高まりました。

ところがある時、釜本選手の体にある異変が起こります。一〇メートル走っただけでもふらふらになり、走れなくなってしまったのです。ウィルス性肝炎という病気でした。釜本選手二五歳、もう、サッカーはできないのではないかという状況です。

しかし、釜本選手は諦めませんでした。病院に通い、治療をしました。薬を飲む生活が、二年、三年、四年と続き、やっとのことで、再び全力でサッカーができるようになったのです。

苦しい時を乗り越えた釜本選手は、ますます日本サッカー界を盛り上げました。日本代表として戦った試合では、合計得点数七五点という、未だ誰にも破られていない大記録を残しました。現役を引退した後も、釜本選手は日本サッカー界の発展に尽くしました。全国各地でサッカー教室を一〇〇〇回以上も開き、世界で戦える選手を育てました。その教室からは、中田英寿選手や中村俊輔選手という、日本代表のリーダー選手も生まれています。

サッカーに一所懸命であり続けた釜本選手がいたからこそ、今の日本男子サッカー界の発展があるのです。

《参考文献》

『ゴールの軌跡』釜本邦茂（ベースボール・マガジン社）

★長谷川のコーヒーブレイク

成功を自分の手元に留めておくことなく、周囲の人々の幸福や社会の発展のために活かす。金栗や釜本の生き方は堂々たるモデルである。教師の世界にもそのように生きた先達がいる。読者は誰を挙げるだろうか。

57 パラリンピックアスリート―国枝・成田選手の話

オススメ時期⬇ 辛いことから逃げずに乗り越えさせたい時

新徳目⬇ 希望と勇気・努力と強い意志

その1 国枝慎吾選手

日本には世界的に有名なテニスプレイヤーがいます。例えば誰がいますか？（発表させる）その中の一人に国枝慎吾選手がいます。男子「車いすテニス」で、世界ランキング一位を守り、二〇〇四年のパラリンピック以降数々の大会でメダルを取り続けています。

国枝選手が車いすテニスを始めたきっかけはどんな出来事だったのでしょうか。

国枝選手がまだ九歳の頃の話です。突然病気にかかって、車いす生活になり、それまで当たり前にできていたことができなくなってしまいました。あなただったらどんな気持ちになりますか？

国枝選手は、その生活に絶望してしまいました。そんなある日、母親が車いすテニスを勧めてくれたのです。国枝選手は車いすテニスを始めます。

国枝選手はこう思ったそうです。

「自分の人生に何か一つ胸を張れるものがほしい。自分にはこれがあるんだと言えるだけの成績を、車いすテニスで残したい」

国枝選手は車いすテニスにのめり込みました。

そして車いす生活になってから三年、中学一年の時に初めて試合に出場します。国枝選手はその試合で勝てたと思いますか？　残念ながら負けてしまいました。その時に「二度と負けたくない」という強い気持ちが生まれ、より一層の努力を重ねるようになりました。

国枝選手は毎日どのくらい練習をしたと思いますか？

一日、六時間。数にして三万球です。ひたすら練習に打ち込みました。徐々に練習の成果が現れ、オリンピックで優勝するまでの力をつけました。

今の国枝選手には目標があります。それは、二〇二〇年東京パラリンピックで金メダルを取ることです。どんな壁にぶつかっても努力を続ける国枝選手。ぜひ、東京パラリンピックで応援しましょう。

《参考文献》『アスリートの原点』（学研）

その2 成田真由美選手

ある人の日記です。「くやしい　悲しい　痛い　つらい　苦しい」どんな人が書いたと思いますか（発表させる）。

この日記を書いたのは成田真由美さんという人です。成田さんはとても元気で活発な小学生でした。しかし中学生になって、突然片方の足が痛み出しました。脊髄炎《せきずいえん》という病気でした。手術をしても痛みはとれず、車椅子で入院生活を送るようになりました。ついには両足が動かなくなってしまいます。先ほどの日記は、その頃に書いたものなのです。

それから一〇年が経ちました。成田さんは、友だちに誘われて水泳を始めます。水泳を始めて一カ月後、成田さんは東北身体障害者選手権に出場し、見事優勝しました。

成田さんは、「人間は残された能力を精いっぱい使えば何だって新しいことに挑戦できるんだ」と大きな希望を持つことができました。しかし、そう思ったのもつかの間、その大会の帰り道、成田さんは高速道路で交通事故に遭い、さらに二つの障害を持つことになってしまいました。

一つは、左手がしびれ、にぎったまま開かなくなってしまう障害です。もう一つは、汗をかけず、体温調節ができなくなる障害です。普通、人は運動をして体が熱くなると汗をかきます。汗を出すことで体の熱が下がります。成田さんの体はその調節ができなくなったのです。とても危険で、医者からは運動を禁止されてしまいました。

成田さんは大きなショックを受けました。しかし、仲間の支えもあって再び水泳の練習を始めます。体温を上げないように冷水を用意して、一時間ごとに首や体を冷やし、体温調節をして練習を重ねたのです。そして、見事、パラリンピックに出場することができました。シドニーで開かれたパラリンピック。成田さんは金メダル六個、銀メダル一個を獲得しました。そのうち四種目は世界新記録というものすごい成績でした。どんなに苦しくても、決してあきらめずに努力した道のりがあっての栄光だったのです。

《参考文献》
『あしたにトライ―車いすの金メダル』成田真由美（アリス館）

★長谷川のコーヒーブレイク

当たり前にできていたことがある日突然できなくなる。彼らが味わった絶望がどれほど深いものであるか。想像すら難しい。しかし彼らは、そこに留まってはいない。めいっぱいの力で前進する。その姿が人々の希望となる。

6 語り継ぎたい日本の偉人・先人

58 ラグビー精神―ラグビー選手・平尾誠二

オススメ時期⬇ 弱い心から逃げずに立ち向かわせたい時

新徳目⬇ 希望と勇気・努力と強い意志

その1 平尾誠二

日本を代表するラグビー選手の一人に平尾誠二という人がいます。平尾選手は日本代表の監督も務め、「ミスターラグビー」とも呼ばれていました。

平尾さんがラグビーを始めたのは中学の時。高校でもラグビーを続けようと考えていた平尾さんは、ラグビー強豪校の伏見工業高校に入学しました。

当時の練習を振り返り、平尾さんはこう語っています。

「高校時代の監督の指導法はスパルタ式で、入学した当初は練習が嫌で嫌で仕方がありませんでした。しかし、苦しい練習を強制させられているうちに、自分が強くなっていくのを実感できました。それで練習が面白くなって、結局、先生に言われなくても、自発的に練習に取り組むようになりました」

高校一年生の時の京都大会、あと一歩というところで敗れ、全国大会出場を逃しました。準優勝だったにもかかわらず、そのトロフィーを投げ捨ててしまうほど平尾さんには悔しさが残った大会でした。

その悔しさをバネに猛練習を積み、高校二年生では全国大会三回戦まで進み、キャプテンとして参加した高校三年生の大会では全国大会初優勝を成し遂げました。

この優勝の陰には、平尾さんの突き抜けた努力がありました。キャプテンとして周りを引っ張っていくにふさわしい存在になるために、「周りが文句を言えないぐらいのことを自分がする」「態度で示すしかない」と考えました。学校での練習が終わった後も、毎晩一人、近所の公園で走ったり、ボールを蹴ったりと自主練習をしました。平尾さんのこの姿を見て、部員たちの練習もより真剣になっていきました。

平尾さんは自分を変えることで、周りのメンバーの気持ちにも火をつけ、日本一を実現したのです。

その後も次々と記録と記憶に残る活躍をした平尾さん。彼の遺志は今も日本のラグビーに影響を与え続けています。

《参考文献》

『理不尽に勝つ』平尾誠二（ＰＨＰ研究所）

その2　ラグビーワールドカップ二〇一五

二〇一五年、ラグビー世界大会、日本は南アフリカと対戦しました。

南アフリカは選手の平均身長が一九〇センチを超えており、ワールドカップでの成績は二五勝四敗。過去に二回優勝したこともある、世界ランキング三位の強豪チームでした。

一方、日本の平均身長は南アフリカよりも五センチ低い一八五センチ。ワールドカップでの成績は一勝二一五敗で世界ランキングは一三位でした。この試合、日本と南アフリカのどちらが勝ったと思いますか。

当然ですが、多くの人たちが「南アフリカが勝つだろう」と予想していました。

試合の前半、予想通り南アフリカが有利に試合を進めました。それでも日本は何度もタックルを行い、その粘り強い戦いによって、前半が終わって二点のリードしか許しませんでした。

後半も日本はいい勝負を続けます。三二分が経った時、大きなチャンスを得ます。得点差は三点差、南アフリカのリードです。

ここでフリーキックを決めると三点、相手を振り切ってゴールを目指し、トライを決めれば五点です。日本の選手たちは、どちらを選択したと思いますか。

選手たちはトライで五点を取りに行くことを決めます。

試合再開、日本の攻撃を南アフリカが必死に止めに来ます。しかし、日本は逆転トライに向かってボールをつなぎました。そして、会場の大歓声の中、日本の選手がゴールラインめがけて飛び込みました。

トライ成功。ついに日本は逆転しました。そのまま三点リードを守って試合終了。日本のラグビーの歴史を大きく塗り替える勝利を得たのでした。二〇一九年、ラグビーワールドカップがますます楽しみになりましたね。

《参考文献》
『日本ラグビーの歴史を変えた桜の戦士たち』（実業之日本社）

★長谷川のコーヒーブレイク

（公財）ラグビーワールドカップ二〇一九組織委員会の指導の下、ラグビーワールドカップを教育現場から盛り上げる運動に携わっている。国を挙げての取組みに参画することで、子どもも教師も得難い経験を積んでいる。

59 国境を越えて人のために尽くす―浅川巧・田内千鶴子

オスス メ時期⬇ 二学期、係や当番の仕事が疎かになってきた時

新徳目⬇ 勤労・公共の精神

その1 浅川巧

朝鮮で、とても慕われていた日本人がいます。浅川巧さんといいます。浅川さんは、日本が朝鮮を治めていた時に、朝鮮の山に木を植える仕事をしていました。

浅川さんは、現地の人々や彼らの文化を大切にすることを心がけていました。当時、朝鮮にやってきたほとんどの日本人は、日本語で話し、日本で着ていた服をそのまま着ていました。一方浅川さんは日頃から、現地の人たちと同じ服・同じ言葉を使って生活していました。周りの人が浅川さんを朝鮮の人だと勘ちがいして、「あの朝鮮の人は、ずいぶんと日本語がうまいんだなぁ」と言うほど、現地の人たちの中に溶け込んで生活していたのです。

浅川さんは、常に「自分が朝鮮にいることで、何か朝鮮のお役に立ちたい」と考えて、行動していました。

その一つが、浅川さんの仕事である植林に一所懸命取り組むことでした。現地の気候に合う植物を探して、少しずつ朝鮮の山に緑を取り戻していきました。

また、道端に、仕事もお金もなく困っている人がいると、男の人なら役所まで連れて行って一緒に仕事を探してあげました。女の人の場合、なかなか仕事は見つからないので、自分のポケットに入っているお金を全部渡しました。学生には大学へ行くためのお金も支援していました。そのため浅川さんはとても貧乏でしたが、自分たちを助けてくれる浅川さんを人々は心から信頼し尊敬しました。

四〇歳になった時、浅川さんは病気で亡くなりました。お金は全くありませんでしたが、現地の人々がたくさん集まってお葬式を開き、お墓を用意してくれました。お葬式には、たいへん多くの人々が泣きながら参列しました。

その後、日本と韓国は国同士では様々ありました。しかし、浅川さんのお墓は、七〇年以上たった今でも大切に管理されています。本当に人々が平和に暮らすには何が必要なのか、浅川さんの生き方が教えてくれている気がします。

《参考文献》

『道・白磁の人　浅川巧の生涯』小澤龍一（合同出版）

その2　田内千鶴子

両親がいない子どもを孤児といいますが、韓国で三〇〇〇人の孤児を育て「韓国孤児の母」と呼ばれる日本人がいます。田内千鶴子さんといいます。

田内さんは、韓国が日本の一部だった時代、父親の仕事で韓国に移り住みました。現地の女子学校で音楽の先生として働いている時に、「生きがいのある仕事をしてみないか」と、孤児院での仕事を紹介されます。

様々な事情で父親や母親をなくし、独りぼっちとなった子どもたちは笑うこともなく、生きる気力をなくしていました。大部屋に五〇人もの子どもが一緒に暮らし、夜は全員で雑魚寝。電気もガスもありません。皆さんだったらそういう環境で明るく楽しく生活できますか？

そのような環境で、田内さんは子どもたちに歌を教え、生活習慣を教え、一人ひとりをかわいがって育てていきました。田内さんは、孤児院の園長をしていた韓国人と結婚し、子どもたちのためにますます一所懸命働きます。

しかし、第二次世界大戦が終わり、日本が負けると、韓国人の日本人への対応は厳しいものとなりました。日本人に対する反感をあらわにした村人たちは、日本人を奥さんにしているというだけで、田内さんの旦那さんを殺そうとしました。

殺される不安におびえる田内さんを守ったのは、田内さんに育てられてきた孤児たちでした。「お母さんが日本人でも、僕たちのお母さんだ。誰一人、お母さんに手を出させない」と田内さんを励まし、石や棒を手に持って盾となりました。泣きながら訴える子どもたちの姿に、村人たちも圧倒され、引き上げていきました。

その後も様々な困難を乗り越えながら孤児の教育に人生を捧げた田内さん。亡くなった時には、園の卒業生を中心に三〇〇〇〇人の人が葬儀に駆けつけたそうです。一九六五年には韓国文化勲章国民賞を受賞しました。国を越えて、子どもたちのために力を尽くした日本人の姿があったのです。

《参考ＨＰ》
http://ifsa.jp/index.php?Gtauchi

★長谷川のコーヒーブレイク

反日国家と称される国の、その国民の間で、今も信頼され尊敬されている日本人がいる。国策としての反日行為（反日統一共同戦線戦略等）とは決然と戦うが、本稿の逸話のような人間同士の真心の交流は続けていくべきである。

60 国境を越えて人のために尽くす―アフリカで尊敬される佐藤芳之・柏田雄一

オススメ時期⬇ 二学期、係や当番の仕事が疎かになってきた時

新徳目⬇ 勤労・公共の精神

その1　ケニア四〇人に一人の生活を支える会社

二〇一一年の東日本大震災の時、たくさんの国が、日本のためにお金を送ってくれました。その中には、アフリカの貧しい国もありました。自分たちの国が厳しい状況なのにもかかわらず、なぜ、お金を送ってくれたのでしょうか。

長い間の関わりが関係していると考えられます。例えば、日本のお金によってアフリカ各地で井戸を掘ったり、学校を建てたりしてきました。そういった支援の恩返しであるかもしれません。

国だけではなく、個人として支援している人もいます。

アフリカのケニアに、佐藤芳之《さとうよしゆき》さんという日本人がいます。佐藤さんは「ケニアナッツカンパニー」という会社の社長さんです。聞いたことある人？　世界的に有名なチョコレートやアイスクリームで使われているナッツを販売している会社です。

世界でも有名な会社なのですが、実はあまり儲かっていないそうです。それは、たくさんの人を雇っていて、彼らにたくさんのお給料を払っているからです。

本当はもっと少ない人数でも大丈夫なのに、あえてたくさんの人を雇っています。なぜでしょうか。

佐藤さんはたくさんのケニア人たちと一緒に働くことで、たくさんのケニア人たちの生活を豊かにしたいと考えているのです。なんと、ケニア国民の四〇人に一人は佐藤さんの会社で働いているのだそうです。

おかげで、多くのケニア人の生活が豊かになりました。学校にも行けないほど貧しかった家も、佐藤さんの会社で働き、お給料をもらうことで、子どもたち全員を学校に行かせられるようになりました。

ケニアで成功した佐藤さん。今度は別の貧しい国に行って、同じようにたくさんの人の生活を豊かにできる会社づくりに挑戦しています。佐藤さんのように、外国の人たちのために働く日本人がたくさんいます。そういった人たちへの感謝の気持ちが、震災の時のお金には込められているのかもしれませんね。

その2 ウガンダの父、柏田雄一

ウガンダという国を知っていますか。アフリカ大陸の中央部に位置する国です。

その国で「ウガンダの父」と呼ばれる日本人がいます。柏田雄一さんといいます。

柏田さんは大学を卒業し、シャツを作る会社に就職しました。会社の製品であるシャツを売るために、世界中を飛び回って営業をしていた時のことです。

ウガンダからたくさんシャツの注文が入ってくるようになりました。柏田さんはとても驚きました。ウガンダはアフリカの貧しい国だと思い込んでいたので、そんなにたくさんのシャツを買うことが理解できなかったのです。

柏田さんはウガンダに足を運び、なぜこんなにもシャツが売れるのかを確かめます。すると、ウガンダは土地が豊かで、コーヒーや紅茶を栽培して輸出し、豊かな生活を送っていることが分かりました。さらに、シャツの原材料である綿花も栽培されていました。

その時、柏田さんは現地の人から「ウガンダ人の働く場所を作ってほしい」と頼み込まれます。考えた末、ウガンダにシャツを作る工場を作ることを決意します。

その工場は、一〇〇人を超える従業員を雇ってシャツを作り始めました。しかし、順調にはいきません。ウガンダ国内でクーデターが起こり、銃を持った兵士が工場にやってきました。柏田さんに向かって「従業員を出せ」と言うのです。柏田さんはどうしたと思いますか？　断固として「ノー」と言い続けました。絶対に引かない柏田さんの姿勢に、兵士たちも仕方なく帰っていきました。その姿が噂で国中に広がり、さらにウガンダ人との信頼関係を築くことになりました。

このようにしてウガンダ人の働き場所を作るとともに、従業員を命をかけて守った柏田さんは、ウガンダで知らない人はいないほど有名になりました。遠い地で、その国のために一所懸命働いている日本人がいるのですね。

《参考HP》
http://heartofjapan.jp/interview/yuichi-kashiwada/

★長谷川のコーヒーブレイク

「社会起業家」なる言葉が生まれる以前から、世界の貧しい国々に出向いていって現地の人々の幸せのために活動する日本人はたくさんいた。日本にはなぜ、彼らのような精神の持ち主が育つのか。授業化してみたい。

6 語り継ぎたい日本の偉人・先人

61 現地の人々を救った杉山龍丸・西岡京治

オススメ時期⬇ あきらめないことの大切さを伝えたい時

新徳目⬇ 希望と勇気・努力と強い意志

その1 緑の父、杉山龍丸

今から約六〇年前、インドでは砂漠が広がり、食べ物だけでなく飲み水にも困っていました。食糧不足のために亡くなった人の数は数百万人と言われています。

そんなインドの状況を聞いて、「罪もなく死んでいく人をそのままにしておけない」と立ち上がった人がいます。杉山《すぎやま》龍丸《たつまる》さんといいます。龍丸さんは、奥さんや息子を日本に置いて単身インドに向かいました。

砂漠化が進み、飲み水も食べ物も足りないインドで、杉山さんはどんなことをしたでしょうか。

杉山さんが行ったのは、木を植えることでした。砂漠の中でも育つ木を植えれば、根が張って地面に水がたまり、作物も育つようになると考えたのです。

しかし、インドはとても広いです。広い土地に木を植えるためには、たくさんのお金と人が必要です。

杉山さんは日本人に募金を呼びかけました。しかし、全く集まりませんでした。「人」についても、いきなり日本から来た杉山さんを手伝ってくれるインド人はいませんでした。

さて、杉山さんはどうしたでしょうか。

杉山さんはたった一人で、一本ずつ木を植えていきました。太陽の熱で気を失うこともありました。自分の飲み水を木に注ぐこともありました。お金は、自分の財産である土地や家を売って工面しました。

毎日、自分の財産と命を削って、インドのために木を植え続ける龍丸さんを見て、インドの人たちも少しずつ手伝うようになりました。いつしか、インドの空には「どっこいしょ」という、多くのインド人たちのかけ声が響くようになりました。

砂漠が広がっていたインドですが、杉山さんの働きもあって、緑の大地が甦りました。今では、世界有数の米の輸出国になっています。

インド人たちは杉山さんが亡くなった今でも「緑の父」と呼び、尊敬しています。そんな日本の先輩がいるのです。

《参考文献》『グリーン・ファーザー』杉山満丸(ひくまの出版)

その2　日本とブータンの友好の架け橋を作った男、西岡京治

ブータンという国を知っていますか。アジアにある国で、ほとんどの場所が標高一〇〇〇mを超える高いところにあります。何より有名なのは、「幸せの国」と呼ばれていることです。ある調査で、国民の九七%が「私は幸せ」と答えたことから、そのように呼ばれるようになりました。

しかし、五〇年ほど前のブータンでは、多くの人が農業で汗を流していたにもかかわらず、食べ物を輸入しないと、自分たちの食べる食料を賄えませんでした。標高が高い山間部であるため、作物を育てるのが難しかったのです。

そんな状況を改善するために呼ばれた日本人がいます。西岡京治さんといいます。西岡さんは農業の専門家でした。

しかし、最初に西岡さんに与えられたのは、小さな畑だけでした。周りのブータン人から信頼されていなかったのです。手伝ってくれたのも小さな男の子三人だけでした。

しかし、西岡さんはあきらめません。「この畑で結果を出そう」と、日本から持ってきた大根の種を育てました。

やがて、大きな大根が育ちました。ブータンの人たちはそれまで野菜を食べたことがなく、とても驚きました。

その他にもたくさんの野菜の育て方を教えて、広めていきます。その時に、西岡さんが大切にしていたことがあります。それは、「現地の人たちの状況に合わせたやり方で広めていく」ことです。お金をかければいくらでもできますが、それでは現地の人たちには根付きません。「農業をする人たちの気持ちを変えることが大切」と、現地に暮らし、一緒に耕し、何百回も話し合いを重ねて、人生の半分近くをブータンの農業を発展させることに費やしました。

この努力が評価され、西岡さんはブータンの王様から、「ダショー（最高の人）」という賞をもらいました。

今では、ブータンの市場には新鮮な野菜がたくさん並んでいます。そして、ブータンの人たちは今でも西岡さんを「ブータン農業の父」と呼び、感謝しているのです。

《参考文献》

『ブータンの朝日に夢をのせて』木暮正夫（くもん出版）

★長谷川のコーヒーブレイク

杉山龍丸氏の偉業を授業化するにあたり、ご子息である満丸氏の協力を得た。満丸氏は言った。「親父は家族に何の断りもなく、自宅を売り払ってしまった」。偉業を成し遂げる人には、ある種の狂気が宿っているのである。西岡氏も然り。

62 現地の人々を救う医師—中村哲・服部匡志

オススメ時期⬇ 他人のために動くことの大切さを伝えたい時

新徳目⬇ 親切・思いやり

その1 アフガニスタンに緑をもたらした日本人、中村哲

日本から西に六〇〇〇キロ以上離れたところにアフガニスタンという国があります。

雨がほとんど降らない国で、砂漠が広がっています。水や食べ物が不足し、とても貧しく厳しい生活を送っている人が大勢います。そのうえ、今もなお争いが続いています。

そんなアフガニスタンで暮らす日本人がいます。そのうちの一人が中村哲さんというお医者さんです。

お医者さんですから、病気の治療を行います。ですが、仕事はそれだけではありません。「きれいな水と十分な食料があれば、九割以上の人が病気にならずに済む」ということに気が付き、川からきれいな水を届ける用水路を掘ろうと計画しました。大きな川から畑までの距離は約二〇キロ。お医者さんである中村さんに用水路を作れると思いますか。

この工事をするために、中村さんは学校の教科書で勉強し直しました。また、日本の大学の先生にも相談して、工事の進め方を学びました。お金も必要ですから、募金の呼びかけもしました。準備を整え、現地の人を雇って、少しずつ工事を進めていきました。

しかし、争いが絶えない場所です。ある日とうとう、一緒に活動していた日本人の仲間が殺されてしまいます。それでも中村さんは工事を続けました。完成を一心に願って、工事に集中しました。

約七年間の工事の末、ついに用水路を完成させることができました。その用水路で運んだ水によって、畑では一六万人分もの食料を作ることができるようになりました。

砂漠だった土地が用水路のおかげで緑あふれる豊かな土地へと変わり、人々に笑顔が戻りました。

この工事について、中村さんは次のように述べています。

「困っている人がいたら手を差し伸べる。それは普通のことです」困っている人を助けるのは当たり前、そんな考えをぜひ皆さんも大切にしてください。

《参考文献》『天、共に在り　アフガニスタン三十年の闘い』中村哲（NHK出版）

その2　ベトナムで活躍する眼科医、服部匡志

服部匡志さんという人を知っていますか？　ベトナムという国でとても有名な日本人です。服部さんは目のお医者さんです。手術がとても上手で、他の人なら三時間以上かかる手術も服部さんなら一時間で終わってしまいます。

その服部さんは一年のうち半分以上をベトナムで過ごし、たくさんの人を治療してきました。テレビの取材等も受けていますから、皆に知られているのです。

そんな服部さんですが、ベトナムで一回手術をしてもらうといくらかかると思いますか？　白内障という目の病気を例に考えましょう。日本で手術すれば二〇万円、ベトナムでは普通五万円ほどかかります（発表させる）。さて、いくら。

〇円です。しかも、薬代等を服部さんが出すこともあります。手術すればするほど、医者である服部さんのお金が減っていくのです。

なぜ、そのようなことをしているのでしょうか。

以前、目が見えなくなる寸前の患者さんが病院を訪れました。すぐに手術が必要だったのですが、「お金はない」と言う患者さんに対して、服部さんは「どうしようか」と悩んでしまいました。すると、その間に患者さんは帰ってしまったのです。

「救えたはずの人を救えなかった」と服部さんは後悔しました。それ以来、「自分の技術で救えるなら、遠慮なく救いたい」と、時に自らお金を払いながらも手術を続けているのです。必要なお金は日本に戻って各地で手術をして稼いでいます。そのお金を使って、ベトナムで多くの人を治療する、そんな毎日を送っているのです。

服部さんが活動を続けて、一五年以上が経ちました。今までに治療してきた人の数は約五万人です。

そんな服部さんを尊敬し、今では様々な国のお医者さんが服部さんから学んでいます。一人の日本人のお医者さんが、世界中の人の目の健康に貢献しているのです。

《参考文献》
『人間は、人を助けるようにできている』服部匡志（あさ出版）

★長谷川のコーヒーブレイク

中村哲氏、服部匡志氏。授業化して教室で実践してきた。子どもたちの感性は鋭い。彼らなりの眼差しで本質を見抜く。授業の最後に感想を書かせれば、二人の生き方から子どもたちが何を感じ、考え、学び取ったのかが如実にわかる。

63 現地の人々を救う医師―加藤寛幸・吉岡秀人

オススメ時期⬇ 他人のために動くことの大切さを伝えたい時

新徳目⬇ 国際理解・国際親善

その1 国境なき医師団、加藤寛幸

世界には、まだまだ争いが続いている場所があります。多くの人が傷ついています。生活が壊され、ひどい病気になる人もいます。しかし、治すための病院はありません。

そんな場所へ行って人々を助けている人たちがいます。その一つが、「国境なき医師団」という組織です。世界中からボランティアでお医者さんが集まって、争いや貧しさのせいでお医者さんがいない場所へ行き、苦しんでいる人たちを治療します。その活動は現在、世界中に広がっています。日本にも「国境なき医師団日本」があり、そこで会長を務めているのが加藤寛幸さんです。

加藤さんは日本の病院で働いていました。ある日、テレビで国境なき医師団の活動を知りました。やせ細って、苦しそうな表情をしている子どもたちと、その子どもたちを一所懸命治療しているお医者さんたち。加藤さんはその様子を見て、自分も参加しようと決意しました。

しかし、決意してから一〇年の間、国境なき医師団に入ることはできませんでした。なぜだと思いますか。

入るための試験がとても厳しかったからです。英語だけでなくフランス語の試験もあります。病気の手術も他のお医者さんの何倍も上手でなければいけないのです。

厳しい試験にやっと合格した加藤さんですが、実際の活動は想像以上に厳しいものでした。ケガをした人や病気の人が毎日のようにやって来ます。その数があまりにも多く、十分な設備や薬もないため、助けられない人もいます。患者を救えない時、心の中は悔しさで一杯になるそうです。

それでも加藤さんは、「その時に救えなかった人たちの分まで、一人でも多くの命を救いたい」と活動を続けています。国境なき医師団はボランティアのため、お給料はほとんど出ません。だからこそ、加藤さんのように「苦しんでいる人たちを救いたい」と心から思う人が集まるのだそうです。加藤さんをはじめ国境なき医師団に集う人たちは、今日もどこかで、苦しんでいる人を助けているのです。

《参考HP》国境なき医師団（http://www.msf.or.jp）

その2　ジャパンハート、吉岡秀人

世界にはとても貧しい国々があります。そういう国々で暮らす貧しい人々は、ケガをしたり病気になったりしても病院に行くお金を持っていません。苦しくてもそのまま我慢している人がたくさんいます。

そんな貧しい国々で治療活動を展開している組織があります。「ジャパンハート」といいます。日本生まれの、お医者さんや看護師さんたちの団体です。

ジャパンハートでは、貧しい人たちを無料で治療します。大きな手術をすることもあります。お医者さんたちは、お給料をどれくらいもらえるでしょうか。

〇円です。現地までの交通費も自分で払います。ですから、貯金がないと参加できません。参加すると最低一年間、貧しい国で活動します。もちろん生活も不便ですし、働く病院の医療施設も十分ではありません。

それでも毎年参加する人は増えています。今までに参加者は三〇〇〇人以上になりました。なぜ、お金をもらえないのに多くの人が参加するのでしょうか。

理由は様々ありますが、一番の理由はやりがいです。日本では、若いお医者さんが手術をする機会はあまり多くはありません。ですが、ジャパンハートでは次々と患者さんが来るので手術の機会がたくさんあります。毎日、何回も何回も人を救う経験ができるのです。

顔がゆがんでしまい、いじめられ、毎日泣きながら生きてきた子どもが治って笑顔で帰る姿。死にかけた赤ちゃんが助かり、涙を浮かべるお母さんの姿。他の病院では治療を断られ、死ぬかもしれないと思われていた人の手術が成功した時の家族の顔。そういった事実の一つひとつが、お金以上にかけがえのない宝物になっているのだそうです。

ジャパンハートでは、今までに二万件もの手術を行っています。この広い世界には今日もまた、困っている人のために無償で働いている日本人がいるのです。

《参考文献》『救う力　人のために、自分のために、いまあなたができること』吉岡秀人（廣済堂出版）

★長谷川のコーヒーブレイク

二〇一七年二月下旬、私は秋葉原のビル街に立っていた。ジャパンハートを取材するためである。聞けば聞くほど、知れば知るほど、代表吉岡秀人氏の志に共感し、その場で支援者となることを決めた。できることを一つずつ行おう。

6　語り継ぎたい日本の偉人・先人

64　挑戦する日本人—宇宙エレベーター・植松努

オススメ時期⬇　子どもたちに人の可能性を伝えたい時

新徳目⬇　希望と勇気・努力と強い意志

その1　宇宙エレベーター

宇宙に行く時に乗る乗り物は何ですか（「ロケット」「スペースシャトル」など）。ロケットの他にも、ある乗り物を改良して宇宙まで行こうとする計画があります。どんな乗り物だと思いますか。

　エレベーターです。人や荷物をエレベーターのような箱に乗せて宇宙まで運ぼうという計画があるのです。「宇宙エレベーター」といいます。実現すると、訓練を受けた宇宙飛行士でなくても、お年寄りや体が不自由な人も、宇宙を訪れる機会を得られる可能性があるといわれています。

　宇宙エレベーター、乗ってみたいと思う人。

　しかし、宇宙まで届くエレベーターを作るのはとても難しいのです。どんなところが難しいと思いますか。予想してみましょう（「お金がとてもかかる」「柱が途中で折れてしまう」などの意見が出る）。

　研究者が調べてみたところ、宇宙エレベーターを作るためには鋼鉄より五〇倍も強い素材が必要であることがわかりました。そのような素材があると思いますか。

　あるのです。皆さんの筆箱の中にも入っている、あるものを使って作られています。何だと思いますか。

　鉛筆の芯です！　鉛筆の芯の部分の素材を炭素といいます。この炭素から、鉄よりも軽く、五〇倍も強い素材が作られました。「カーボンナノチューブ」といいます。

　作り出したのは、どこの国の人でしょうか。なんと、日本人です。日本は宇宙エレベーターの開発でも世界の先頭を走っています。二〇五〇年に宇宙エレベーターを完成させると語る研究者もいるのです。

　二〇五〇年、皆さんは何歳になっていますか。その頃この日本は、誰でも気軽に宇宙に行くことのできる国になっているかもしれませんね。

《参考文献》『宇宙エレベーターの本：実現したら未来はこうなる』宇宙エレベーター協会（アスペクト）／一般社団法人宇宙エレベーター協会HP　http://www.jsea.jp/index.html

その2　植松努

先生は宇宙ロケットを作ろうと思います。作れると思う人。無理だと思う人。先生と同じようにロケットを作りたいと思った子どもがいました。植松努さんといいます。

植松さんは中学生のころ、「将来飛行機や宇宙ロケットを作る仕事をしたい」と学校の先生に相談しました。先生は何と答えたと思いますか。

先生は植松さんに、「北海道の田舎に生まれた時点で無理。あなたの頭では無理」と言いました。あなたが植松さんだったらどうしますか。夢をあきらめる人。それでも夢に向かって頑張る人（挙手させる）。

植松さんは「僕には無理なんだ」と落ち込み、一度はあきらめそうになりました。そんな時、ある人が「あきらめないで」と励ましてくれました。誰だと思いますか（「親」「友だち」）。励ましてくれたのはお母さんでした。お母さんは「思うは招く」という言葉を教えてくれました。

思っていればその通りになる、という意味です。植松さんはそれ以来、どんなに苦しい時も「思うは招く」を思い出して自分を励まし、努力を続けました。そして、一所懸命勉強を続けた結果、飛行機の勉強ができる大学に合格しました。卒業後には飛行機を作る仕事に就きました。

その後植松さんは務めていた会社を辞め、自分で会社を立ち上げて、あるものの開発を始めました。何だと思いますか。小さいころから夢見ていた宇宙ロケットです。社員二〇人ほどの小さな会社でしたが、研究に研究を重ねた結果、社員と一緒に開発したロケットを見事打ち上げることに成功しました。植松努さんは言います。

「できない理由を考える暇があるなら、『どうすればできるのか』を考えよう」「思うは招く」。何かに挑戦する時、「どうせ無理」とあきらめるのではなく、実現する努力を重ねたいですね。

植松さんは今日も新しい夢を追いかけて努力しています。

《参考文献》『NASAより宇宙に近い町工場』植松努（ディスカヴァー・トゥエンティワン）

★長谷川のコーヒーブレイク

誰一人として為し遂げたことのない偉業に、人生を懸けて挑む人たちがいる。彼らパイオニアの生き方、発想、言葉には周りの人間の心に火を灯す力が宿っている。既存の枠組みから飛び出していく人間が、世界を救う。

65 挑戦する日本人―山中伸弥・大村智教授

オススメ時期⬇ くじけても負けないことの大切さを教えたい時

新徳目⬇ 希望と勇気・努力と強い意志

その1 山中伸弥教授

京都大学の山中伸弥教授は、iPS細胞でノーベル賞を受賞しました。iPS細胞はどんな細胞にでもなることができる万能な細胞です。この細胞のおかげで未来の医療が大きく発展すると言われています。世紀の大発見です。

ノーベル賞を受賞するほどの大発見をした山中教授ですが、お医者さんになり始めの頃は手術になると緊張してしまい、あまり上手にできなかったそうです。アシスタントに入ると、手術の邪魔になることが多かったので、「邪魔中（じゃまなか）」などと呼ばれていました。

その後、山中教授は、手術を専門とするお医者さんから、薬の研究を専門とするお医者さんへと活動場所を移すことにしました。その出来事を教授は「挫折」と呼びました。

場所を移すためには面接試験を受けなければなりませんでした。もともと薬の研究を専門にしていたわけではありません。当日は質問にうまく答えることができず、このままでは試験に落ちてしまうと思ったそうです。

その時、山中教授はどうしたと思いますか。

山中教授は面接の最後に大きな声で「ぼくは薬のことはなにもわかりません。でも研究したいんです！　通して下さい！」と正直に、大きな声で言ったのです。

その一言のおかげか、結果は見事合格でした。そこからは一心に研究を重ねたそうです。邪魔中と呼ばれて挫折し、道を変えて研究者になったことは、山中教授にとって失敗だったでしょうか。

大きな挫折を経験しても、再び立ち上がって努力を続けた。その結果としての、ノーベル賞受賞でした。

もしも一度や二度の失敗でくじけて、投げ出してしまっていたら、また、うまくいかない場所でひたすら我慢し続けていたら、山中教授の成功はなかったのです。

《参考文献》
『「大発見」の思考法iPS細胞vs素粒子』山中伸弥・益川敏英（文春新書）／『山中伸弥先生に、人生とiPS細胞について聞いてみた』山中伸弥（講談社＋α文庫）

その2　大村智教授

アフリカを中心として流行している「河川盲目症」という病気があります。かかった人が一〇人いたとすれば、そのうち二人は目が見えなくなるという、恐ろしい病気です。

この病気に効く薬の成分である「イベルメクチン」という物質。日本の大村智教授が発見しました。この発見によって、大村教授は二〇一五年にノーベル賞を受賞しました。

イベルメクチンは河川盲目症によく効きます。しかも、たった一回飲むだけで効果が表れるのです。あまりにもよく効くので、「魔法の薬」ともいわれています。年間二億人以上、今までに一〇億人以上が服用し、健康になりました。このことから大村さんは「アフリカを救った人」といわれるようになりました。

大村さんの研究は、微生物を見つけて捕まえることから始まります。それらを研究所に持って帰り、その微生物のもつ特徴を調べるのです。大村さんは一年間に何種類の微生物を捕まえていると思いますか。二五〇〇種類です。一日当たり、約七種類。捕まえるための袋を肌身離さず持ち歩いているそうです。こうした生活を続けている大村さんが今までに捕まえた、新種の微生物は五三種類にもなります。世界一です。

さて、大村さんはノーベル賞の授賞式前に行われる講演会で、研究の内容よりも日本語の四字熟語を伝えたいと考えたそうです。どんな四字熟語でしょうか。

大村さんが伝えたかったのは「一期一会」です。大村さんは「人との出会いを大切にする」ことを常に心に留めています。そして、ノーベル賞を受賞できたのも人との出会いを大切にしてきたからだと言っているのです。

学校の先生、教えた生徒、結婚相手、他にもたくさんの出会いが大村教授の人生をつくってきました。多くの人との出会いと、そして毎日の熱心な研究が、世界を救う発見につながったのですね。

《参考文献》
『ストックホルムへの廻り道私の履歴書』大村智（日本経済新聞出版社）／『大村智』馬場錬成（中央公論新社）

★長谷川のコーヒーブレイク

世界を救う日本人のエピソードは、多くの子どもたちに夢と希望を与える。先人の偉大なる業績が山中氏や大村氏に夢と希望を与えたように。語りの目的は知識の伝達ではない。意欲を刺激し、引っ張り出すことこそねらいである。

6 語り継ぎたい日本の偉人・先人

66 挑戦する日本人―海洋発電・上原春男／佐藤郁

オススメ時期⬇ 子どもに挑戦する気持ちを持たせたい時

新徳目⬇ 希望と勇気・努力と強い意志

その1 海洋温度差発電

海水は表面に近い方と海底に近い方とで温度がちがいます。その温度差を利用して電気を作る方法があります。「海洋温度差発電」といいます。言ってごらんなさい。

海洋温度差発電は、資源を使いません。地球を汚しません。しかもたくさんの電気を作り出すことができます。素晴らしい発電方法です。

しかし、実現不可能だと言われていました。使える形にするのがとても難しかったのです。それを実現したのが、日本人の研究者、上原春男さんです。

上原さんは、海洋温度差発電を実現できれば、世界の環境問題やエネルギー問題を解決できると信じていました。

研究を始めた時、上原さんの周りの研究者たちは彼を応援したと思いますか。次のように言われました。

「このような低い温度差で発電ができないことは学生でも知っている。無意味だ」「このような幼稚な、まったく無意味な研究をするとは恥ずかしい」

応援されるどころか、大反対されたのです。

海洋温度差発電の理論そのものは一二〇年も前から考えられていました。しかし、誰も形にすることができていなかったのです。誰もが無理だと思い込んでいたのです。

しかし、上原さんは、どんなに反対されてもあきらめずに研究を続けました。

そしてついに、問題を解決し、海洋温度差発電を実現させました。研究を開始してから完成まで、どのくらいかかったと思いますか。三〇年です。上原さんが三〇年にわたってあきらめずに研究し、開発した海洋温度差発電は、今、世界に広まっているのです。

最後に上原さんの言葉を紹介します。

「夢を実現させるには、『あきらめてはいけない』。たえず『夢に向かって進む』ことだ」

皆さんも、困難があっても、あきらめない心を持ち、前に進み続けて下さい。

《参考文献》『成長するものだけが生き残る』上原春男（サンマ

ーク出版）

その2　洋上風力発電

風力発電は環境を汚さずに電気を作ることのできる発電方法です。しかし、いくつか問題もあります。

一つは場所の問題です。陸上には風力発電の機械を置く場所があまりないのです。

もう一つは、風がない時には電気を作れないという問題です。

これらの問題を解決できる、新しい風力発電を作ろうとした人がいました。戸田建設という建設会社で働いている佐藤郁さんです。

佐藤さんは風力発電の問題を解決する方法を考え、新たな風力発電の在り方を探っていました。

ある時、海に浮かぶ風力発電、「浮体式洋上風力発電」の開発を思いつきました。海の上ならば、置く場所はたくさんあるし、風が止むこともありません。

さっそく会社の会議で提案しました。しかし、会社の人たちは大反対しました。

当時、海に浮かべる風力発電を実際に利用できる形で開発した国はどこにもなかったのです。ですから皆、開発などできるわけがないと決めてかかっていました。

しかし、絶対に成功すると信じていた佐藤さんは、一人で挑戦を続けました。何度も失敗を重ねながらも懸命に研究を続けました。

そんな佐藤さんを見て、それまで反対していた会社の人たちも協力してくれるようになりました。途中で東日本大震災が起こり、開発を中止しなければならない危機がありましたが、仲間で力を合わせて問題を解決し、開発を進めました。

その結果、開発開始から九年後に、海に浮かぶ風力発電を実現しました。この技術は徐々に広まり、現在では、日本を含めて三カ国が利用しています。

《参考文献》

『エネルギー問題入門』リチャード・ムラー（楽工社）

★長谷川のコーヒーブレイク

「どんな人も組織も、成長意欲を失った時点から、やる気や活力が薄れ、能力の後退、創造性の低下へとまっすぐにつながっていってしまう」とは上原氏の言葉である。成長意欲を刺激する語りが、教師にも求められている。

67 挑戦する日本人―新幹線開発物語・リニアモーターカー

オススメ時期⬇ 九月、学校行事前、挑戦することの大切さを伝えたい時 **新徳目⬇** 希望と勇気・努力と強い意志

その1 新幹線開発物語

外国人が日本に来て驚くものの一つが「新幹線」です。外国にも速い鉄道はありますが、日本の新幹線はそれらとは大きくちがいます。どんなちがいがあるのでしょうか。

一つは、揺れの小ささです。外国では、飲み物を置くとこぼれてしまうこともあります。しかし日本では、車内でカップの飲み物を販売できるほど揺れが小さいのです。

もう一つは、事故の少なさです。一九六四年に開業して以来、線路から外れる事故は大きな地震があった時の一回だけ。死亡事故も一件だけです。他のどの乗り物よりも、日本の新幹線は安全だといえます。

この新幹線を作ったのは、その昔、戦闘機をはじめとする兵器を作っていた人たちでした。彼らは、「鉄道の先頭部分を飛行機のように丸い形にし、重さも軽くすればもっと速く走るようになる」と考えました。しかし、周りの人には賛成してもらえませんでした。

当時は、鉄道は重くないと線路から外れて事故になると思われていたのです。「飛行機の研究を生かせば、事故を無くせる」と言っても、「飛行機と鉄道はちがう」と、受け入れてもらえませんでした。それでも、彼らは研究をやめませんでした。「自分たちの技術をもう戦争には使わない」「鉄道は平和のために利用できるように作る」。この国の平和のために自分たちの技術を生かす決意をしていたのです。

細々とした研究しかできずに一五年ほどが経った時、東京オリンピックの開催が近づきました。より速い鉄道が必要となり、新幹線開発計画が本格化します。ようやく実現の道が開けたのです。たくさんの課題がありましたが、すべてクリアし、東京オリンピック開催の九日前、新幹線は開通しました。当時、世界一の速さでした。

今、日本の新幹線の速さと安全性は世界の人たちからも注目されています。その新幹線には、平和を願う人たちの思いが込められているのです。

《参考文献》『プロジェクトX 執念が生んだ新幹線』NHKプロジェクトX制作班（宙出版）

その2　夢の乗り物「リニアモーターカー」

「リニアモーターカー」聞いたことがありますか。

新幹線とはちがって、磁石の力で浮いて、前に進んでいく乗り物です。新幹線と比べて、どんな良さがあるのでしょうか。

第一は、何といってもスピードです。時速六〇〇キロ以上で安全に運転することができます。東京から大阪まで新幹線では二時間半かかりますが、リニアモーターカーだと一時間で着きます。

他にも、地震に強い、二酸化炭素をほとんど出さないなど、たくさんのメリットがあります。

この技術を最初に開発したのはアメリカでした。ですが、未だかつてどこの国も実用化にはいたっていません。

日本では、何年前からリニアモーターカーの建設に取り組んでいるでしょうか。

一九六一年、まだ新幹線が運転を始める前から、東京―大阪間「一時間」を目標に、研究が進められていました。

それ以来六〇年近くにわたってずっと研究が続けられているのです。

一人の人が社会に出て、定年退職するまで、働ける期間というのはだいたい四〇年ほどです。六〇年ということは、何人もの人たちが人生を懸けて研究をし、その研究をまた別の人たちが受け継いでいることを表しています。そうして今、ようやく実現に近づいています。大人から子どもまでが待ち望んでいる、まさに「夢の乗り物」です。

そのリニアモーターカーですが、山梨県にある見学センターに行けば乗ることができます。二〇二七年、君たちが大人になる頃には開業する予定です。

もしかしたら、ここにいる誰かが開発に関わるかもしれません。あるいは、もっとちがう乗り物や発明をするかもしれません。わくわくするような未来をぜひ作ってくださいね。

《参考文献》
『ここまで来た！　超電導リニアモーターカー』財団法人鉄道総合技術研究所編（交通新聞社）

★長谷川のコーヒーブレイク

何十年という歳月を費やして一つの技術が完成される。不可能を可能にする開発者たちの働きは、まさにドラマである。ものづくりの国であるこの日本において本稿のような逸話を語り継ぐことは、きわめて重要な意味をもっている。

7 世界の誰もが知っている偉人

68 人のために行動する素晴らしさ―ヘレン・ケラー、ナイチンゲール

オススメ時期↓ 一学期、子どもたちの仲が打ち解けてきた頃

新徳目↓ 親切・思いやり

その1 ヘレン・ケラー

もし、目が見えなかったらどんなことで困りますか。

では、耳が聞こえなかったらどんなことで困りますか。

目が見えず、耳も聞こえず、さらに口もきけないという困難を乗り越え、世の中の人のために働いた人がいます。ヘレン・ケラーといいます。

ヘレンは、生まれてから一九カ月で大きな病気にかかり、目が見えないだけでなく、耳も聞こえず、口もきけない状態になってしまいました。そのヘレンに、一所懸命言葉や文字を教え、規則正しい生活習慣を身につけさせようと努力したのが、サリバン先生でした。

サリバン先生は、目も見えない、耳も聞こえないヘレンに対して、どうやって文字や言葉を教えたのでしょうか。予想しましょう。

ヘレンの手のひらに、指で文字を書いて教えたのです。また、実物に手を触れさせてから、指で文字を書いて教えることもしました。話し方を教える時はヘレンの手を自分の口に当てさせて、口の動きやのどの震えを確かめさせて、何度も練習をさせました。そのようにして勉強を続けた結果、ヘレンは一流大学である、ハーバード大学に入学することができました。

大学卒業後、ヘレンは三つの仕事に取り組みました。一つ目は、目の不自由な人に仕事を与えること、そのための教育を充実させること。二つ目は、目の不自由な人が生まれないように予防すること。三つ目は、三種類あった点字を一つにして、目の不自由な人が勉強しやすいようにすることです。

これらの仕事を通して、たとえ目が不自由であったとしても、それを乗り越えて世の中に出て活躍できる人が増えるように手助けをしたのです。

ヘレン・ケラーが日本を訪れた時、尊敬する日本人の話をしました。その日本人とは、江戸時代に活躍した、塙保己一という目の見えない学者さんだったのです。

《参考文献》

『伝記ヘレン・ケラー』村岡花子（偕成社文庫）

その2　ナイチンゲール

小学生女子のなりたい職業ランキングで、毎年上位に入る職業があります。何だと思いますか。

看護師です。とても素敵な職業ですよね。でも、今からおよそ一七〇年前は、人気のない職業だったのです。

そのイメージを大きく変えた人が、ナイチンゲールです。本名をフローレンス・ナイチンゲールといいます。ナイチンゲールの家はとてもお金持ちで、何不自由なく育ちました。しかし、何か人の役に立つことはできないかという考えが次第に膨らんでいったのでした。

二四歳の時、看護師になって病院で働きたいと家族に伝えました。家族は賛成したと思いますか、反対したと思いますか。

大反対でした。当時の病院は、今とちがって清潔ではなく、そこで働くのは貧しい人ばかりだったからです。しかし、ナイチンゲールは反対を押し切って働き始めました。

その頃、イギリスとロシアの間で戦争が始まりました。イギリスの兵士が大勢けがをしましたが、手当をする人が足りない状況でした。そこで、ナイチンゲールに声がかかります。戦争地域に行ってほしいというのです。皆さんなら行きますか。ナイチンゲールは、三八名の仲間とともに、クリミアという町に向けて出発しました。

病院に着いてみると、けが人を寝かせるベッドも布団も足りない、食料も足りないという大変な状況でした。それでも、ナイチンゲールは、昼は一所懸命けがの手当をし、夜はランプを持って病室を見回り、けが人の様子に気を配りました。

そのかいがあって、けがをした兵士たちは順調に回復していき、いつからか、ナイチンゲールは「クリミアの天使」と呼ばれ、信頼されるようになりました。

看護師という仕事に対する見方を変えた、大きな働きをしたのが、ナイチンゲールだったのです。

《参考文献》

『国際版少年少女世界伝記全集7巻』相賀徹夫編（小学館）

★長谷川のコーヒーブレイク

ヘレン・ケラーと塙保己一。彼らをつなぐ縁を授業化したことがある。日本を訪れたヘレンは、保己一の像を抱いて涙を流した。彼の存在があったからがんばれたのだ、と。保己一もまた語り継ぐべき人物の一人である。

7 世界の誰もが知っている偉人

69 悩み苦しみを乗り越える—ベートーベン、マザー・テレサ

オススメ時期⬇ 文化祭などの行事の前　**新徳目⬇** 希望と勇気・努力と強い意志

その1 ベートーベン

「ダダダダーン」というフレーズで始まる『交響曲第五番〈運命〉』。この曲を作った作曲家、誰だか分かる人？　そう。ベートーベンです。

ベートーベンは一七七〇年に生まれました。当時の音楽家は、貴族が食事をする時に楽器を演奏するのが仕事でした。

しかし、ベートーベンは、貴族のために音楽を演奏しようとは思いませんでした。貴族のために演奏をしていると、自分の作りたい音楽を自由に作れないからです。

ベートーベンは一般の人向けに作曲をし、その楽譜を売るなどして生活をしていました。

しかし、彼は音楽家として順調な人生を送れたわけではありませんでした。

三〇歳近くになると、「難聴」という、耳が聞こえにくい病気になってしまったのです。

ピアノを叩いても音が聞こえません。耳が聞こえない状態で、作曲家としてやっていけると思いますか？　不安と恐怖から、家族に向けて遺書を書いたことさえありました。

しかし、ベートーベンは、耳が聞こえなくても勇気を振り絞って音楽を作り続けようと決意します。そんな大変な状況で作曲したのが、『第五番〈運命〉』だったのです。

その後も、補聴器という、音を聞こえやすくする機械をつけながら、作曲を続けました。五七歳で亡くなるまでに、どのくらいの曲を作ったと思いますか？　なんと、二〇〇曲もの曲を作り出しました。ベートーベンの人生は、いくつもの苦しみを乗り越えた人生でした。

ベートーベンのある日の日記には「悩みを乗り越えて、喜びをつかめ」とあります。彼の曲が今もなお人々の心を打つのは、真剣な努力が裏側にあるからなのです。

《参考文献》

『ベートーヴェンの生涯』山根銀二（岩波ジュニア新書）

その2 マザー・テレサ

「ノーベル平和賞」、聞いたことがある人？

世界の平和に大きな役割を果たした人に贈られる賞です。一九七九年に、マザー・テレサという女性がこのノーベル平和賞を受賞しました。

彼女は一八歳の頃から、ある職業になることを願っていました。何だと思いますか。

「シスター（修道女）」です。シスターとは、神様に仕える仕事をするために、自分の家を離れ、修道院で厳しい生活を送る女性のことです。シスターになると、家に帰れなくなり、家族とも会えなくなります。結婚もできません。

彼女がそれでもシスターになりたいと願ったのは、なぜだと思いますか？

「インドの貧しい人々の力になりたい」と考えたのです。

今から約七〇年前、インドで戦争が起きました。ケガをしても病院に行けない人や、家がなく道路で暮らす人がたくさんいました。彼女は、そういった貧しい人たちの役に立つ仕事をしたいと思ったのです。

こうしてインドでの生活が始まります。毎朝四時四〇分に起き、町を歩いて周ります。寄付を募ったり、食べ物を集めたりしました。

病気や飢えによって路上で倒れても、病院に行けずに死んでしまう人たち。マザー・テレサは、そんな人たちが安らかに死を迎えられるような施設を用意しました。

この施設に入った人は、四万人を超えました。毎日、七千人分の食事が用意され、多くの人がここで手厚い看護を受けることができました。

このような活動が認められ、ノーベル平和賞の受賞にいたったのです。受賞のインタビューで「世界平和のために何をしたらいいか」と聞かれた彼女は、次のように答えました。

「家に帰って、家族を愛してあげてください」

目の前の人を愛する、大切にすることを訴えたのです。

《参考文献》
『マザー・テレサ』沖守弘（講談社）

★長谷川のコーヒーブレイク

先人の素晴らしい生き方に学び、自身の生き方をブラッシュアップする。修養の根本がここにある。受験勉強に偏り、心の勉強を疎かにすれば、心の落ちこぼれが生み出される。心の落ちこぼれは社会の害悪になり得る。修養が鍵である。

7 世界の誰もが知っている偉人

70 くじけない心―エジソン、アインシュタイン

オススメ時期⬇ あきらめずに挑戦する姿勢を教えたい時

新徳目⬇ 希望と勇気・努力と強い意志

その1 発明家エジソン

「発明王」と呼ばれるほどたくさんの発明をした人を知っていますか。トーマス・エジソンですね。エジソンの最大の発明として知られているのが、「電球」です。

当時、電球を光らせることはできていました。しかし、どの研究者の電球もすぐに消えてしまうのでした。

電球の光る部分を「フィラメント」といいます。電球に電気がつくと、ものすごく熱くなるため、フィラメントは熱ですぐに溶けてしまいます。そのため、熱くなっても溶けないフィラメントの材料を探して、エジソンは昼も夜も何回も何回も実験を繰り返しました。

あなたなら何回くらい実験を続けることができますか？

エジソンは、何千回とその実験を繰り返しました。失敗してもあきらめませんでした。新しい材料を探してきたり、材料同士を混ぜ合わせたりしながら、研究を繰り返します。

ある時、綿の種から採れる「もめん糸」という糸で実験をし、一三時間光らせることに成功しました。誰もできなかったことをついに達成したのです。

さて、これで、エジソンの実験は終わったと思いますか？

終わりません。もっと長く光る電球の研究をしました。

そうして、ついに、一七〇時間光らせる材料を見つけ出しました。

さて、エジソンは実験に満足したと思いますか？

エジソンは、こう言いました。「電球が本当に家でともるようにするためには、一〇〇〇時間もつものでなければ役に立たない。これで完成だと思ってはいけない」

更に挑戦し続けたのです。そしてついに、一二〇〇時間もつ材料を発見しました。その材料とは、日本の「石清水八幡宮」というお寺に生えていた竹でした。エジソンが、この材料を見つけるまでにした実験の回数は二万回ともいわれています。偉大な発明の陰には、それ以上の失敗や挑戦があったのです。最後まで自分の決めたことに向かって挑戦したからこそ、大きな成功が得られたのですね。

《参考文献》『エジソン』桜井信夫（ポプラ社）

その2　物理学者アインシュタイン

「天才科学者」と言われている人たちがいます。アルベルト・アインシュタインもその一人です。彼は、ほかの科学者たちが何世紀ものあいだ解決できなかったことを研究し、「相対性理論」という新しい理論を打ち立てました。

その理論のおかげで、私たちは宇宙のしくみと働きについて様々な発見をすることができました。

しかし、当時は、彼の研究に反対する科学者もいました。アインシュタインが理論を完成させようと研究に明け暮れていた時のことです。先輩科学者がアインシュタインにある言葉をかけました。どんなことだと思いますか?

「そんな研究やめたほうがいい。完成するはずがないし、例え完成したとしても、誰も君の言うことなど信じない」

こう言われたのです。あなただったらどんな気持ちになりますか?

彼は、気にしませんでした。新しい理論を完成させたいという強い思いで、研究を続けました。そうして完成したのが「相対性理論」というまったく新しい理論でした。

また、彼は研究だけでなく、社会運動にも関心がありました。平和を望んでいる人を助ける運動です。

ひどい差別にあっている人を放っておけず、政府に対して抗議文を書きました。それは、とても勇気のいることでした。政府にはむかう者として、孤立してしまうからです。しかし、アインシュタインは、平和を訴え続けました。

アインシュタインは科学のことだけでなく、政治的な活動でも有名になりました。しかし、彼が力を注いだ仕事はやはり、科学の研究でした。

アインシュタインは、こんな言葉を残しています。

「政治はいまこのときのためのものだが、数式は永遠の未来のためのものだ」

科学の研究を通じて、世界の将来を考えていた天才科学者、アインシュタイン。将来、興味があれば彼に関する本を読んでみてくださいね。

《参考文献》『アインシュタイン』F・マクドナルド（偕成社）

★長谷川のコーヒーブレイク

「失敗は成功の母」を語る時に多くの教師が取り上げるのがエジソンの逸話であろう。彼の生き方に影響され、私は「挑戦の先には成功か学びのどちらかしかない」という言葉を座右の銘とした。自分を鼓舞する言葉をもたせたい。

7 世界の誰もが知っている偉人

71 暴力・差別と向き合う──マララ、ガンディー

オススメ時期⬇ 暴力や差別がいけないことを語る時

新徳目⬇ 公正・公平・社会正義

その1 マララ

二〇一四年一〇月一〇日。ノーベル平和賞という、世界的に有名な賞をもらった一七歳の少女がいます。

その少女をマララ・ユスフザイといいます。マララの住んでいたパキスタンは犯罪が多く、怖い人たちが住民を銃で撃ったり、建物に爆発物をしかけたりしていました。

パキスタンでは、その怖い人たちのせいで、学校に通えなくなってしまった女の子がたくさんいたのです。マララは「どうして、女の子は学校へ行けないの」と心を痛めていました。

マララは一一歳の時に行動を始めます。暴力に負けないことや、女性や子どもたちが学校へ行けるようにすることを人々に熱心に語り始めたのです。

しかし、そんな反抗的な行動を、怖い人たちが許すと思いますか? マララが、スクールバスに乗っていた時のことです。突然、銃を持った男の人たちが乗ってきました。そして、マララに向かって銃を三発撃ったのです。頭と首に銃弾があたりました。銃弾は頭から入り、あごと首の間で止まっていました。普通なら生きていません。

マララは、どうなったと思いますか。奇跡的に回復し、二カ月半で退院しました。やがて、マララの勇気ある行動に世界が注目するようになりました。そして、マララは世界の国の人々がたくさん集まる場所(国連)で話す機会をもらい、次のように話しました。

「銃でわたしの体は撃つことができても、わたしの夢までは、撃てない」

マララの夢とは、皆が学校に行き、皆が勉強することができる世界をつくることです。マララは次のように言います。

「一人の子ども、一人の先生、一冊の本、一本のペンが世界を変えるのです」

マララは、今もなお、命を狙われながらも世界に語りかけ続けています。

《参考文献》『マララ教育のために立ち上がり、世界を変えた少女』マララ・ユスフザイほか(岩崎書店)

その2 ガンディー

インドは昔、イギリスに支配されていました。植民地として物を奪われ、高い税金を取られ、のみならずイギリス人から暴力を受けていました。

その状況を見て、大変悲しい思いをしたインド人がいました。マハトマ・ガンディーといいます。ガンディーは悩みました。逃げるべきか、皆のために闘うべきか。ガンディーは闘うことを決めました。

「暴力は憎しみや悲しみを生むだけだ。暴力で差別はなくならない」

暴力を受けてもやり返さない。でも、悪いことには絶対に従わない。ガンディーはそう決意するのです。

ガンディーの決意を知り、多くの人々が心を一つにして行動し始めました。ガンディーとともに暴力や差別と闘い始めたのです。

しかし、ガンディーやその仲間はイギリス人からひどい暴力を受けました。それによって、死んでしまう仲間もいました。銃で撃ち殺されてしまう人もいました。

つらいつらい日々が続きました。そんな中でも、ガンディーは負けませんでした。

「死体は手にできても、心を従えることはできないのです」

抵抗するガンディーはとうとう逮捕されてしまいます。

人々は「ガンディーはイギリスに殺されるのではないか」と考え大変心配しました。

しかし、ガンディーは決してあきらめませんでした。

「敵はイギリス人ではない。差別する考えこそ敵だ。暴力をふるわないことは、差別する考えを攻撃するのだ」

多くの仲間と力を合わせての長い闘いの末、インドはついに国として独立しました。人々は大変喜びました。

ガンディーはインドが独立してからも差別がいけないことを訴え続けました。暴力に頼らず、差別と闘うガンディーの勇敢な行動は今でも人々の心を勇気づけています。

《参考文献》『わが非暴力の闘い』ガンディー著、森本達雄訳（レグルス文庫）

★長谷川のコーヒーブレイク

たった一人の固い信念が周囲の人々を動かし、その動きがいつしか大きなうねりとなって社会変革を実現していく。時と場所を問わず見聞きするドラマティックな展開である。では、日本にはないのか。あるとすれば、どんな逸話か。

7 世界の誰もが知っている偉人

72 真理を貫くことの大切さ―ガリレオ・ガリレイ、ソクラテス

オススメ時期⬇ 一学期、学級がスタートしたばかりの頃

新徳目⬇ 真理の探究

その1 ガリレオ・ガリレイ

望遠鏡で夜空の星を覗いて見たことがありますか。今からおよそ四〇〇年前、望遠鏡で空の星を観察していたある人物が、世界をあっと驚かす発見をしました。

その人物の名前を、ガリレオ・ガリレイといいます。

ガリレオは大学教授として働いていましたが、昔から言い伝えられていることをそのまま信じず、自分で試してみて、本当かどうかを確かめる姿勢を大切にしていました。

それまで、空の星の動きについては、「空の星は地球を中心に回っている」という、有名な学者が発表した考えが信じられていました。それに対して、「回っているのは空の星ではなく、地球の方である」という考えを発表した学者もいました。

ガリレオはこれを確かめるために自分で望遠鏡を作り、土星、金星、太陽を繰り返し観察しました。

ガリレオは、空の星が地球の周りを回っているのではないこと、そして、地球もまた、太陽の周りを回る一つの星であることを確かめたのです。

ガリレオは、この大発見を本にして発表します。

しかし、これがキリスト教の教えに反しているとして、キリスト教会から裁判にかけられることになってしまいました。

裁判の結果、ガリレオは有罪とされ、今後、「地球が動いている」という説を他の人に話したり、本に書いたりしないことを誓わなければならなくなりました。しかしガリレオは自分が発見したことを信じて疑いませんでした。

ガリレオが亡くなっておよそ三二〇年後、この裁判の結果について見直しが行われました。最終的に、キリスト教会が裁判の結果は間違いであること、ガリレオの意見の方が正しかったことを認め、謝りました。

自分の信念を貫き、真実を求めようとした人がいたからこそ、今の宇宙の研究が進んでいるのですね。

《参考文献》
『国際版　少年少女世界伝記全集　一二巻　良寛　ガリレオ』（小学館）

その2 ソクラテス

皆さんは、テストで一〇〇点満点を取れる人は頭がいいと思いますか。

「たとえテストで一〇〇点を取るくらい知識があっても、本当に『頭がいい』ということにはならない」と考えた人がいます。ソクラテスといいます。

ソクラテスは、大昔のギリシャに住んでいました。

ある時、ソクラテスの友人がギリシャの神様に「ソクラテスよりも智恵のある人はいますか」と聞きました。すると、「彼よりも知恵のある人はない」というお告げがありました。

ソクラテスは、自分は知恵のある人間ではないと思っていたので、神のお告げが正しいかどうかを確かめようと思いました。どんな方法で確かめようと思ったのでしょうか。

ソクラテスは、周りから知恵があると評価されている人に会いに行き、質問をすることで、自分より知恵のある人かどうかを確かめようとしたのです。

ソクラテスよりも知恵のある人は見つかったと思いますか。

見つかりませんでした。

周りから知恵があると思われている人は、知らないこともたくさんあったのに、知ったかぶりをしていることが多かったのです。

それに対して、ソクラテスは、「自分自身が何も知らない」ということをよく知っていました。ソクラテスは、自分が「知らない」ということを知っている分だけ、他の人よりも知恵があるという考えに至ったのです。このことを「無知の知」といいます。

ソクラテスに質問をされて、実は知恵がないことが明らかになってしまった人たちは、ソクラテスを憎むようになりました。そのような人たちにより、ソクラテスは無実の罪で裁判にかけられ、死刑判決を受けて命を落とすことになってしまいました。しかし、ソクラテスの考えは、今も大切にされ、世界中の人々が彼の考えを学んでいます。

《参考文献》

『ソクラテス』中野幸次（清水書院）

★長谷川のコーヒーブレイク

子どもたちが言う「頭が良い」とは「記憶力が良い」の意である。記憶力は高いに越したことはない。しかし、覚えた知識の量だけで生き抜けるほど、世の中は甘くない。AIに勝る人間の長所とは何か。これらの逸話がヒントになろう。

8 あこがれのヒーローに学ぶ

73 スポーツ男子編―イチロー、羽生結弦

オススメ時期⬇ 男性スポーツ選手の生き方を教えたい時　**新徳目⬇** 希望と勇気・努力と強い意志

その1 イチロー

ある小学校六年生の男の子が、卒業の時に作文を書きました。このような内容でした。

「ぼくの夢は一流の野球選手になることです。ドラフト入団で、契約金は一億円以上が目標です。」

この少年が書いた夢は叶ったでしょうか、叶わなかったでしょうか（挙手させる）。

少年は成長して、見事日本のプロ野球チームに入団します。その後も驚くほどの活躍を見せ、新しい記録を次から次へとつくっていきました。

そして彼は海を越え、アメリカの大リーグに挑みます。そこでも次々と記録をつくり、一年間の契約金が一〇億円を超えるほどのスター選手となりました。四〇歳を超える今でも彼の活躍は止まりません。

誰のことだか分かりますか（イチロー）。

そう、イチロー選手です。彼は小学生の頃から「将来は契約金一億円以上のプロ野球選手になる」と具体的に目標を立てていました。そして「目標を達成するために、高校生ではこうなろう」「今はこう過ごそう」と、未来から今に向かって逆算して考え、行動しました。

小学校三年生から六年生まで、一年三六五日のうちで何日くらい野球の練習をしたと思いますか（予想させる）。

彼は先ほどの作文にこう書いています。

「三年生の時から今までは、三六五日中、三六〇日は激しい練習をやっています。（中略）そんなに練習しているんだから、必ずプロ野球選手になれると思います。」

「必ずプロ野球選手になれると思います」というイチロー選手の言葉からは、努力し続けている人間の自信が感じられますね。

将来どうなりたいか、夢を思い描くことは自由です。その夢を本当に叶えたいと願う時、イチロー選手の生き方を思い出してみてください。皆さんの強い願いとぶれない生き方が、夢の達成を左右するのです。

《参考文献》『新編イチロー物語』佐藤健（中公文庫）

その2　羽生結弦

「自分に負けたくない」「今よりもっと進化したい！」

この強い気持ちで日々成長を続けているのが、フィギュアスケートの羽生結弦選手です。

彼は四歳でスケートと出会いました。お姉さんの練習に一緒に行ったことがきっかけでした。負けず嫌いの羽生選手は「お姉ちゃんにできるなら僕だって」と、何回転んでも立ち上がり、スピンやジャンプの練習を続けました。

挫けそうになる時もありました。学校が終わると、毎日ランドセルを背負ったままスケートリンクへ行くため、友だちとは遊べない。休みの日には朝から練習もある。

このような生活の中で、「スケートではなく野球をやりたい」と思った時もあったそうです。そのことを両親に伝えると、「スケートが嫌ならば野球をやれば」と言われました。よくよく考えた末、羽生選手は「自分に負けたくない」と思い、スケートを続けることを決めました。

努力を重ねた結果、小学四年生の時、小学三～四年生の全日本大会で優勝。中学校では一年生で全日本ジュニア三位、二年生で同大会優勝、そして三年生で二つのジュニア世界大会で優勝。一四歳で世界一となったのです。

しかし一六歳の三月、仙台市内で練習している時に大きな地震が起こりました。東日本大震災です。スケート靴を履いたまま、泣きながら急いで逃げました。

暗い気持ちで過ごすことが続きましたが、チャリティーイベントで、「少しでも見てくれる人の力になれるのなら、どんなことがあっても滑り続けよう」と決意。二〇一四年にはソチオリンピックでの金メダルをはじめ、三つの世界大会で優勝。世界一となり、被災地を勇気づけました。

その後も、彼はまだ誰も成功したことのない難しい技に挑戦しています。何度失敗してもあきらめずに、です。

その根っこには「自分に負けたくない」「今よりもっと進化したい！」という気持ちがいつもあるのです。

《参考文献》『心にのこるオリンピック・パラリンピックの読みもの1』大野益弘監修（学校図書）

★長谷川のコーヒーブレイク

イチロー選手や羽生選手の人生はいわゆる「特殊解」である。「遠き世界の住人」であるから、そのままの形では、一般人が参考にするのは難しい。小学生が今日から参考にできる具体的な行動を取り出して、提供してみるとよい。

8 あこがれのヒーローに学ぶ

74 スポーツ女子編―浅田真央、吉田沙保里

オススメ時期⬇ 努力で道を切り開くことができることを示す時

新徳目⬇ 希望と勇気・努力と強い意志

その1 浅田真央

フィギュアスケーター、浅田真央選手。ジュニアの頃から注目されてきた浅田選手は、一七歳で世界大会に出場します。ところが、最初のジャンプで転んでしまいました。皆さんだったら、そんなに時どう思いますか。

浅田選手は「次行かなきゃ」とすぐに気持ちを切り替えました。そして、ジャンプの後の演技を完璧に滑り終え、その年、見事に世界一となりました。

翌年の大会でも世界一位。しかし、浅田選手は世界一位になったにもかかわらず、「自分の納得する演技ができていない」と思ったそうです。

その翌年。浅田選手はとても難しい技に挑戦しました。それは、演技の中で三回転ジャンプを二回跳ぶ技です。これまで誰も成功したことのない、最難関の技でした。結果は失敗、失敗の連続です。テレビや雑誌では「惨敗」といわれました。浅田選手はくじけたと思いますか。

浅田選手は次のように考えました。

「失敗したのは自分が油断したからだ。こんなことは二度と繰り返さない。次はもっと難しい技にチャレンジしよう」

そして、次の大会では三回転ジャンプ二回を見事に成功させました。結果、ダントツで一位となりました。

浅田選手はオリンピックを目指すうえで何かを持つことが必要だと言っています。何が必要なのだと思いますか。

それは、「気持ちを強く持つこと」だそうです。失敗してもすぐに切り替えることや、自分から難しい技にチャレンジしていくこと。そのような強さを持つことが大切なのだそうです。浅田選手は次のように話しました。

「成長した自分を皆さんに見せられるように頑張りたい」

「皆さんの期待に応えられるようにしたい」

自分の可能性を心から信じ、気持ちを強く持って難しいことにもチャレンジしていく浅田選手。二〇一七年で現役は引退しましたが、彼女が世界で活躍した理由の一つはここにあるのかもしれません。

《参考文献》『浅田真央さらなる高みへ』吉田順（学研プラス）

その2 吉田沙保里

「霊長類最強女子」と呼ばれる選手がいます。レスリング、吉田沙保里選手です。

レスリングは、相手と取っ組み合い、相手の肩や背中を床につけることによってポイントを取る激しいスポーツです。吉田選手は、そのレスリングで世界三連覇という素晴らしい成績を残しました。

では、「最強女子」の吉田選手、試合で負けたことはあるでしょうか。実は負けたことがあります。「最強」でも負けたことがあるのです。

一回目は一九歳の時のこと。当時の世界女王である山本聖子選手に逆転負けをしました。負けた吉田選手に、監督はビンタをします。吉田選手は涙が止まりません。その悔しさから練習をさらに積み重ねました。

その後七年間、吉田選手は一度も負けませんでした。そうして臨んだ世界選手権。吉田選手は準決勝で負けてしまいます。銅メダルです。世界で三位ですから、素晴らしい成績です。でも、次の日の新聞には「吉田負けた」という字がたくさん並びました。その新聞を見た吉田選手、どうしたと思いますか（予想させ、発表させる）。

吉田選手は、その新聞を額に入れて飾り、隣には銅メダルを飾りました。負けた悔しさを忘れないためです。吉田選手はより一層練習に励み、後の北京オリンピックに臨みました。結果は金メダル。四年後のロンドンオリンピックでも金メダルを獲得しました。吉田選手は何度負けても這い上がる、あきらめない人なのです。

二〇一六年、リオオリンピック決勝で、吉田選手は負けてしまいます。銀メダルに終わりました。しかし、吉田選手は負けても這い上がります。

吉田選手の言葉に、次があります。「試練があるからこそ、強くなって成長できる。強くなる人にだけ、試練が訪れる」試練は乗り越えられる人にだけやってきます。試練はある意味、チャンスなのかもしれません。

《参考文献》『明日へのタックル』吉田沙保里（集英社）

★長谷川のコーヒーブレイク

引退した選手の生き方にも学ぶべきは多くあり、これから世界を狙おうと身構えている若者たちの努力にも尊い学びが存在している。大切な価値こそ手を変え品を変えて取り上げていきたいものだ。教師の学習量が試されている。

8 あこがれのヒーローに学ぶ

75 チーム編──なでしこジャパン、シンクロ

オススメ時期⬇ 四月、学級組織・学級目標を作る時

新徳目⬇ 善悪の判断・自律・自由と責任

その1 なでしこジャパン

なでしこジャパン。サッカーの日本代表女子チームです。元監督の佐々木則夫さんが、一五歳以下の日本代表監督になった時の話です。ワールドカップ出場を目指して選ばれた選手は、ほぼ全員が初対面で、皆不安そうでした。そこで、食事をする時も一緒、練習で着たシャツを洗濯する時も一緒、いつでも一緒に過ごすようにしました。仲間と打ち解けようとしていたんですね。さて、この生活で、選手たちのチームワークは良くなりそうですか（発表させる）。

でも、佐々木さんは「これでは本当のチームワークは育たない」と感じました。友だち作りならいいけれど、チームの目標を達成することはできないと思ったのです。

日本代表の練習は厳しいです。練習を終えたら、すぐに食事の準備、食事を終えたらすぐ次のトレーニングの準備をしなければいけません。体を休める時間も必要です。

佐々木さんは、チームワークを伸ばすためにあることをしました。練習着を二着しか用意しなかったのです。どうなると思いますか（着替えがなくなる）。

だから、練習の合間に洗濯をしなければ間に合いません。皆で洗濯していては練習や休憩の時間がなくなります。結果、選手たちは話し合い、洗濯を当番制にしました。全員で一緒に行うのではなく、当番になった人は洗濯をし、当番以外の選手は体を休める。仕事を分けたのです。

佐々木さんは次のように言っています。

「チームとして一つの目的を果たすために、役割分担をし合うというのが、本当のチームワークだ」

二年後、チームは一七歳以下のワールドカップに出場し、決勝トーナメントに進出することができました。

「いつでも一緒」がチームワークではありません。集団のために役割を分担し、各自が自分の仕事を果たすことが、チームワークを強固なものにしていくのです。学級も同じです。まずは自分の役割を責任をもってこなしましょう。

《参考文献》『なでしこ力　さあ、一緒に世界一になろう！』佐々木則夫（講談社）

その2　シンクロナイズドスイミング

（写真提示）何という競技ですか（シンクロナイズドスイミングです）。そうです。監督の井村さんです（写真提示）。井村監督率いる日本代表チームは、二〇一六年リオオリンピックで銅メダルを獲得しました。

しかし、その二年前、井村さんが二〇一四年に日本代表の監督になった時、選手がやっていた練習はとてもメダルが取れるような質ではありませんでした。練習中、井村監督は選手たちの気持ちの弱さに気がつきました。選手たちは、「負けても精一杯やったから、それでいいじゃない」という、ある種いい加減な気持ちだったのだそうです。

井村監督の練習が始まりました。毎日毎日、とても厳しいトレーニングの連続です。井村監督は選手たちに「本当にメダルが欲しいの？」と何回も聞いたそうです。その度に、選手たちは、「はい！」と言って返事をしたと言います。常に意思の確認を怠らなかったのですね。

朝は五時四〇分から自主練習が始まります。朝食後にストレッチ、ウォーミングアップをして八時から練習。昼食をはさんで筋力トレーニング、ウォーミングアップをして、夜の九時まで練習。その後、ストレッチや練習のビデオのチェックをする。すべて終わるのは、夜中の一二時です。

皆が選手だったら、できそうですか（挙手、確認）。

「絶対にメダルをとる」という目標があったからこそ、選手たちは厳しい練習に耐え抜くことができました。

二〇一六年リオオリンピックの団体演技前、井村監督は選手たちに次の言葉をかけました。「私の指導歴の中でも一番ハードな練習をしてきたんだから、あなたたちにできないわけない」と。結果、銅メダルを獲得したのです。

これから決める学級目標も、皆がその目標達成のために努力を重ねていくことが大切です。全員で決めた目標を達成できるように給食、掃除、授業などの日常生活を大切にし、たくさんの行事も一緒に乗り越えていきましょう。

《参考文献》
井村雅代インタビュー記事『致知』（二〇一六年一二月）

★長谷川のコーヒーブレイク

「勝ちたい」と言葉で言うのは簡単だ。私はそういう言葉を信じない。信じるのは行動である。勝ちたいからこそ努力している、その行動を見て取り、褒めてやりたいと考えている。でなければ、得たい結果を得られるはずがない。

8 あこがれのヒーローに学ぶ

76 歴代オリンピア編――高橋尚子、北島康介

オススメ時期⬇ 四月、体育祭、競技大会前

新徳目⬇ 希望と勇気・努力と強い意志

その1 高橋尚子

二〇〇〇年シドニーオリンピック。日本女子陸上界で初めて、オリンピックの金メダルを取った選手がいました。女子マラソンの高橋尚子選手です。

高橋選手は、四二キロもの距離を走った後のインタビューで、「すごく楽しい四二キロでした」と答えました。

高橋選手は、監督から「これをすれば強くなる」とか「明日はこれをやるよ」と言われた時に、どんなにきつい練習であっても「はい!」と素直に返事をして、一所懸命取り組みました。普通は三時間が限界だと言われるマラソン練習で、高橋選手は五時間も走っていたのです。どこまでも素直で人一倍の努力家の高橋選手だからこその、「すごく楽しい四二キロ」だったのです。

監督は、高橋選手のことを「素直で一所懸命。だから、強くなる」と言っていました。では、逆に、強くならない選手はどんな選手だと思いますか(発表させる)。

素直でない、自分で勝手にできないと決めつけてしまう選手だそうです。「こんなにやったら疲れちゃいます」とか、「今日はゆっくり走るだけにします」とかいうような自分勝手さ。高橋選手にはそれがありませんでした。

オリンピックの二年前に行われた、バンコクアジア大会の時もそうでした。三〇度を超える暑さが予想されるレースに出ることを、周りの人は反対しました。良い記録は出ないし、体を壊す危険性もあったからです。

しかし高橋選手は、「普段から、暑い所で練習していれば大丈夫だ」という監督の言葉を素直に受け止め、三〇度を超える厳しい暑さの中、毎日何時間も走り続けました。

そして、大会本番では日本記録を四分以上も上回り、アジア記録で優勝することができたのです。

その後も高橋選手は素直に、一所懸命練習に取り組み、さらに力を伸ばし、世界記録を更新する選手になりました。

自分の力を伸ばそうとする時、よりよい生活を送ろうとする時、高橋選手から学べることはたくさんありますね。

《参考文献》『君ならできる』小出義雄(幻冬舎)

その2　北島康介

あるスポーツ選手が、小学生の時に書いた作文です。

「ぼくは、水泳をならっている。速くなろうとしている。そして、大きな大きな夢をもっている。それは、速くなって国際大会でメダルを取り、日本の代表選手に選ばれ、オリンピックへ出ることだ。その夢にむかって、一歩一歩近づいていきたいと、ぼくは毎日プールへ行って、泳ぎ続けている。」

この作文を書いた選手は、北島康介選手です。知っている人？（挙手させる）北島選手は、小学生の時の夢を叶え、オリンピックに出場しました。しかも、平泳ぎ一〇〇メートルと二〇〇メートルの二種目で、二大会連続の金メダル獲得。これは世界初でした。おまけに世界新記録も出しました。

北島選手には、子どもの頃から、「強くなるだろうな」と思われる良さがありました。何だと思いますか（発表させる）。

特に「一所懸命さ」です。北島選手は、厳しい練習を自ら選び、強い気持ちでそれに取り組んでいました。自分より強い相手を見つけては、「負けるもんか」という気持ちで必死にくらいついていきました。その積み重ねでどんどん強くなっていったのです。

北島選手の一所懸命さについて、中学一年時の担任の関口先生は「あんな生徒は見たことがない」と言いました。

マラソン大会では、ゴール直後に倒れ込むほど真剣に走りました。柔道の授業では、自分より大きな相手にもひるむことなく向かっていきました。水泳の授業でも、周りを気にせず、常に全力で泳ぎました。

関口先生は、どんな時でも手を抜かない北島選手を見て、「すごい選手になるかもしれないな」と思ったそうです。

その後北島選手は、周囲の予想通り、オリンピックで四つの金メダルを獲得するほどの一流選手になりました。

何事にも全力で取り組むことが、自分を成長させる一番の方法なのですね。

《参考文献》
『北島康介　夢、はじまる』折山淑美（学習研究社）

★長谷川のコーヒーブレイク

高橋尚子選手の素直さは、監督への信頼に支えられている。すなわち、監督もまた、信頼に値するプロフェッショナルであったということだ。子どもと教師の関係も然り。私たちは子どもの信頼の対象たり得ているか。

8 あこがれのヒーローに学ぶ

77 先人編――坂本龍馬、橋本左内

オススメ時期⬇ 四月、新しい学年を迎えるにあたって／一月、成人の日

新徳目⬇ 希望と勇気・努力と強い意志

その1 坂本龍馬

江戸時代の日本を、今の日本のような新しい国にしようとした人たちがいます。その一人が坂本龍馬です。

坂本龍馬は四国の高知県の生まれです。小さい頃は、泣き虫とバカにされることが多かったのですが、一四歳の時に剣道を始め、一八歳の時には、江戸の大きな道場に留学して、修行を積みます。

この頃、外国の船がどんどん日本にやってきました。国を開き、貿易をせよ、と迫ってきたのです。そのような状況で、日本の侍たちは、「この国が他の国に奪われてしまうかもしれない」という危機感を感じるようになりました。

そのような状況の中、龍馬の心に「命をかけて、日本を守りたい」という願いが生まれます。

当時の日本は、外国が攻めて来た時に戦うだけの力を持っていませんでした。「藩」という小さな国がいくつもある状態で、政治の方針はバラバラでした。日本が強くなるためには、藩同士が一つになる必要がありました。

藩の中でも大きくて強かったのが、鹿児島県の薩摩藩と山口県の長州藩です。龍馬は、この二つの藩が力を合わせることによって、日本全体がまとまっていくという夢を描き、行動を始めます。

しかし、その夢はなかなか実現しません。一緒に夢を追いかけた仲間は殺され、ようやく買うことができた軍艦は沈んでしまいます。さらに、作った会社が倒産し、龍馬自身も命を狙われて大けがをしました。それでも、「この日本を守りたい」という志は消えませんでした。やがて、龍馬の様々な動きの成果が実り、薩摩藩と長州藩が力を合わせる体制が整いました。そこから、薩長の武士たちが新たな日本の時代を作っていきます。龍馬が願っていたことが実現したのです。

志とは、「何のために生きるのか」という、人生の大きな目標のことです。龍馬の志と行動が、当時の日本を大きく動かし、今の日本の土台を作ったのです。

《参考文献》『坂本龍馬に学ぶ「仲間をつくる力」』神谷宗幣（きずな出版）

その2 橋本左内

「志のない者は、魂のない虫と同じようなものだ」

江戸時代終わり頃の武士、橋本左内の言葉です。この言葉は、左内が何歳の時に言った言葉だと思いますか。

これは、左内が一五歳で書いた本、「啓発録」にある言葉です。本には、次の五つの内容が書かれています。

一、「稚心を去る」―幼い心は今ここで捨ててしまおう。
二、「気を振るう」―人に負けないという気持ちを奮い立たせよう。
三、「志を立つ」―志を立てれば、人は自然に成長する。
四、「学に勉む」―実際に使える本物の勉強をしよう。
五、「朋を選ぶ」―馴れ合いにならない本当の友だちを選ぼう。

皆さんが一五歳になった時、こういう内容を考えることができそうですか。

最初に紹介した言葉には、次のような続きがあります。

「しかし、一度志を立ててしまえば、それから私たちは昼も夜もずっと成長していくことができるのだ。それは、芽が出たばかりの草に、豊かな土を与えるようなものだろう」

左内が言う「志《こころざし》」とは、皆さんが持っているような「夢」とは少しちがいます。将来なりたいものや、やってみたいこととはちがい、「これから、どのように生きて行くか」を本気で考えた結果としての強い思いです。

左内は常に日本の未来を思い、外国に攻められない強い国を作りたいと考え行動していました。「越前にその人あり」と言われるまでに有名になり、かの西郷隆盛も左内をとても信頼し、彼からの手紙を肌身離さず持ち歩いていたと言われています。左内の本には、「自分は意志が弱く、いくら勉強しても自分が成長しているとは思えず、毎晩のように布団の中で泣いていた」という文章もあります。左内も悩みながら日々を過ごしていたことが分かります。そう聞くと、身近に感じますよね。皆さんも、自分の志とは何なのか、考える機会を持つといいでしょう。

《参考文献》『啓発録』橋本左内著・夏川賀央訳（致知出版社）

★長谷川のコーヒーブレイク

古典を紐解くと、既に鬼籍にある先人たちの声を、対面して聴き入っている感覚になる。難解に思える古典でも、今では現代語訳や漫画等、手に取りやすい形になっている。永く生き残っている作品を手に取らせるのも大切な教育だ。

78 続けることができる人―将棋の羽生、ニャティティのアニャンゴ

オススメ時期⬇ 努力することの大切さ、あきらめないことを伝えたい時

新徳目⬇ 希望と勇気・努力と強い意志

その1 羽生善治

将棋を職業にしている人を「棋士」といいます。日本には現在（平成二九年一〇月）、一六二人のプロ棋士がいます。日本を代表するプロ棋士の中に、「羽生善治さん」という人がいます。知っている人？

羽生さんは中学生でプロ棋士となり、一九歳で初優勝。「天才」と呼ばれ、二四歳で将棋の最高段位、九段となります。その二年後には将棋の大きなタイトルをすべて手に入れ、「将棋界始まって以来の七冠達成」として日本中の話題となりました。

その羽生さんに、「今、初段の人が、四段（四段になるとプロとして認められる）になるためには、何が必要ですか？」と質問した人がいます。

羽生さんは何と答えたと思いますか？（予想させる）

羽生さんは次のように答えました。

「集中してやればすぐに四段になります。ただし、三カ月間毎日、将棋の練習をすること」

羽生さんによれば、「毎日欠かさず」練習をすることが大切なのだそうです。一日でも間が空いてしまうと、将棋の感覚が鈍ってしまうのだと言います。

また、毎日練習を続けていくことで、自信がつき、気持ちも安定するようになります。

羽生さんは、「これだけ努力をしたのだから大丈夫だろう」「これだけ頑張ったのだからミスするわけがない」という気持ちになるためにも、たくさん練習するのだそうです。

羽生さんは次のように言います。「『続けること・継続すること』は立派な才能だと思っている」

「天才」と呼ばれる人も、見えないところで日々、努力を重ねているのですね。

毎日続けていることがある、という人。何か一つ、毎日続けてみましょう。その「続けること」が、皆さんの大きな力になっていきますよ。

《参考文献》

『大局観』羽生善治（角川ワンテーマ21）

その2 アニャンゴ

日本から遠く離れたアフリカ大陸にケニアという国があります。そのケニアで、とっても有名な日本人がいます。向山恵理子さんといいます。向山さんは、ケニアの民族楽器である「ニャティティ」という楽器に魅了され、演奏の仕方を教えてほしいと現地の人にお願いしました。

ところが、ニャティティは、「ケニアの村に住む」「男の人」にしか弾くことが許されない楽器でした。そのため、向山さんが一所懸命お願いしても「外国人の、しかも女性には教えない」と言われ、相手にしてもらえません。もしも、あなたが向山さんの立場だったらどうしますか？（発表させる）

向山さんは、ケニアの村に移り住むことにしました。水を汲み、牛の世話をし、畑の仕事をするなどして、その村の一員として生活したのです。向山さんが村での生活を始めて数カ月したある日のことでした。その村に住む有名なニャティティの演奏者が、やっとその弾き方を教えてくれたのです。

教えるとは言っても、目の前で弾いてみせ「できるようになるまで練習しなさい」と言うだけです。

向山さんは必死で練習をしました。指にまめができ、そのまめがつぶれ、血が出て、楽器の弦が真っ赤になったこともあったそうです。必死の練習を重ねて半年、ついにニャティティの演奏者として認められました。現地の名前である「アニャンゴ」という名を師匠からもらい、現在は世界中で活躍しています。向山さんは次のように言います。

◆村の大師匠から『女性には教えない』『外国人はダメだ』と断られたとき、もしあきらめてしまっていたら今の私はない。やっとニャティティを教えてもらえるようになってからも、『これが私の限界』『私には才能がない』とあきらめていたら今の私はない。夢を叶えたかったらいつも笑顔で夢に向かって、今できる努力を積み重ねていくしかない。◆

夢を叶えるために、努力を重ねていきましょうね。

《参考文献》

『アニャンゴの新夢をつかむ法則』向山恵理子（学芸みらい社）

★長谷川のコーヒーブレイク

男子児童にとって、同性のロールモデルは世界中に多数存在する。しかし、女子児童にとってはそれほど多くはない。日本初世界初の女性ニャティティ奏者であるアニャンゴさんの生き方に勇気づけられる女子は想像以上に多い。

8 あこがれのヒーローに学ぶ

79 人の命を救う使命感―警察官・消防士

オススメ時期⬇ 周りの人のために行動することの大切さを伝える時

新徳目⬇ 勤労・奉仕

その1 警察官のエピソード

私たちが住む町にある交番。そこで働いているおまわりさんは、どんな仕事をしているでしょうか？（指名・発表させる）

パトロール、道案内、交通整理など、私たちの暮らしを守ってくれています。

東京に、常盤台交番という交番があります。そこで「宮本邦彦さん」というおまわりさんが働いていました。宮本さんは、住民の命を一番に考えて働くベテランの警察官でした。

宮本さんが人一倍気をつけていたのが、交番のすぐ後ろにある踏切でした。この踏切は、電車がたくさん行き交うため、「開かずの踏切」とも言われていました。

ある日、宮本さんは一人の女性と交番で話し合っていました。彼女は、「死にたい」と言って聞きませんでした。彼女は突然交番を飛び出し、遮断機が降りていた踏切へと入っていってしまいました。宮本さんはどうしたと思いますか？（指名・発表させる）

彼女を助けようと踏切に飛び込みます。しかし、宮本さんは、電車にはねられ意識不明の重体に。その六日後、病院で亡くなってしまいました。

宮本さんが亡くなった後、近所の人や事故を知った人から、たくさんの手紙や花束などが届けられました。地域の人からの手紙には、「自分を犠牲にして人の命を守る、これこそ本当のヒーローだと思います」と書かれていました。小学生からの手紙には、「宮本さんは勇気のあるおまわりさんです。天国でも立派な、おまわりさんでいてください」と書かれていました。それから、宮本さんの地元常盤台には、宮本さんの勇気をたたえようと、「誠の碑」が建てられました。手向けられる花は今も絶えることはありません。

宮本さんは、住民の命を命がけで守るという強い気持ちをもって仕事をしていたのです。宮本さんの生き方から、私たちが学べることは何でしょうか。

《参考文献》

『殉職・宮本警部が伝えたかったこと』山口秀範（中経出版）

その2　消防士のエピソード

日本では、一日あたり何件くらいの火事が起きていると思いますか？（指名・発表させる）

二〇一六年は、三六〇〇〇件の火事がありました。一日あたり一〇〇件の火事が起きていることになります。

今から三五年前、大きな火事が起きました。東京にあったホテル「ニュージャパン」が火事になったのです。東京中の消防車を使うほどの大きな火事でした。

この時、真っ先にホテルに向かった消防隊は、「高野《たかの》甲子《きね》男《お》さん」率いる消防隊です。

火事が起きたのは、午前三時すぎ。高野さんたちが到着した頃には、ホテルの九階、一〇階が大きな炎に包まれており、一〇〇人を超える人々が逃げ遅れていました。中には、熱さに耐えきれず、窓から飛び降りてしまう人もいました。

高野さんたちは一〇階へ向かいます。ロープや梯子を使って、やっとのことで六六名の人を救い出しました。

しかし、まだ部屋には取り残されている人がいます。助けに部屋に入るには、炎が大きすぎました。炎の温度は四〇〇度から八〇〇度。身を守るための防火服などは役に立ちません。命を落とす危険もあります。あなたが高野さんなら、どうしますか？（指名・発表させる）

高野さんは助けに向かいました。その時の思いをこのように言っています。「このまま見殺しにしたら、あと何百人の、何十人の人を助けても、自分としては見て見ぬふりをしたっていう後悔が残る」

このような思いで、高野さんは部屋に入っていき、逃げ遅れた人を無事助け出すことができました。防火服は黒こげ、全身に大やけどを負いました。

高野さんたちの命を懸けた行動で、たくさんの命が救われたのです。消防士の人たちはいざという時に命を懸けて人命を救います。彼らの支えがあって、私たちは安心して毎日の生活を送ることができているのです。

《参考文献》『炎上 男たちは飛び込んだ―ホテルニュージャパン・伝説の消防士たち』ＮＨＫプロジェクトＸ制作班（ＮＨＫ出版）

★長谷川のコーヒーブレイク

「去る者は日日に疎し」というが、風化させてはならない記憶が確かにある。年世代にもわたって語り継ぐべき偉業が、我が国には数多く存在する。堂々たる日本人の生き方を、誇りをもって語り伝えていこう。

9 子どもの心を打つエピソード・人間ドラマ

80 遭難者を救った武士道精神

オススメ時期⬇ 五月、命の尊さを教えたい時

新徳目⬇ 生命の尊さ・公正・公平・社会正義

その1 エルトゥールル号の遭難事故

今から一二〇年以上前（一八九〇年）のことです。私たちの日本とさらに仲良くなるために、トルコという国からおよそ七〇〇人が日本にやってきました。飛行機はありませんから、エルトゥールル号という船に乗ってやってきたのです。

その帰り道に事件は起きました。海の中にある岩にぶつかって船に穴が開き、沈み始めてしまったのです。

「トルコの船が、海に沈みそうになっている」

「海に投げ出された船員が助けを待っている」

「放っておくと命を落としてしまう」

和歌山県のある村に連絡が入ったのは真夜中のことでした。海は真っ暗で何も見えません。運悪く台風が近付いていたので海面はものすごく荒れています。高い波がやってくるので、海岸に立っているだけで波に飲み込まれてしまいそうになります。もし船出すれば、命を落としてしまう危険もあります。そんな状況でした。

もしあなたなら助けに行きますか（発表させる）。

その連絡を受けた村の人は全員、海に投げ出された人の救出に向かいました。沈みかけている船までたどりつき、溺れている人を助ける人、運ばれてきた人の手当をする人、周りの村々に助けを求めに行く人。皆で協力してトルコの人たちの命を救おうとしました。その結果、たくさんの命が助かったのでした。その後、トルコの人たちは日本の船でトルコまで送り届けられました。

それからおよそ一〇〇年後、日本から遠く離れた場所で起きた戦争に、一部の日本人が巻き込まれてしまいました。飛行機での移動を禁止され、帰ってこられなくなってしまったのです。その時助けてくれたのが、トルコの人たちでした。彼らは、エルトゥールル号の遭難事故の時に日本人から受けた恩を忘れていなかったのです。

このエルトゥールル号の話はトルコの歴史の教科書に載っていて、今も語り継がれているそうです。

《参考文献》

『日本、遥かなり』門田隆将（ＰＨＰ研究所）

その2　工藤俊作

七十数年前のことです。日本とイギリスという国が海の上で戦いました。日本の攻撃を受けたイギリスの船が海に沈みました。その後、イギリス兵たちは海の上を漂うことになりました。

この時、彼らを日本の軍艦が見つけました。

戦争中です。助けている間に敵の軍艦から攻撃を受けてしまう可能性も十分にあります。また、助けた後に襲われる恐れもあります。ですから、そのような場合には味方の安全のために、敵を助けなくてもよいというルールがありました。

実際、海の上に漂っていたイギリス兵は四〇〇人以上、船に乗っている日本兵より多かったのです。もし、助けた後でその四〇〇人が向かってきたらひとたまりもありません。

この状況で敵を助けるか助けないかは、船の艦長が決断します。この軍艦の艦長は工藤俊作という人物でした。仲間の命が危ないからと、救助に反対する仲間もいました。

それでも、工藤艦長は助けるよう指示します。

「誰も助けてくれないだろう」「あとは死を待つばかりだ」「発見されてしまった。殺されるしかない」

そんなイギリス兵の思いとは正反対の行動でした。助けた後も、木綿の布で彼らの汚れを落としたり、日本兵にとっても貴重な飲み水を惜しみなく与えたりして、イギリス兵の生存のためにできることを次々と行いました。

落ち着いた頃、工藤艦長は救助したイギリス兵全員を広い場所に集めました。「今度こそ殺される」とイギリス兵たちは思ったそうです。工藤艦長は言いました。「本日、あなた方は日本の大切なお客様です」

さらに、ディナーを振る舞い、快適な生活ができる空間を用意しました。助けられたイギリス兵は工藤艦長に心から感謝しました。

フェアに戦い、勝負が決した場合には敵であっても全力で救う。これが日本の兵隊さんの素晴らしさの一つでした。

《参考文献》

『敵兵を救助せよ』恵隆之介（草思社）

★長谷川のコーヒーブレイク

遭難者を救うため、真夜中の荒れ狂う海に出て行った村人たち。戦争という極限の状況下で、為す術のない敵兵の命を救おうとした日本兵たち。彼らは何と勇猛果敢であったことか。外国人の記憶にも刻まれている素晴らしい逸話である。

9 子どもの心を打つエピソード・人間ドラマ

81 日本人と動物の絆――盲導犬の話

オススメ時期⬇ 動物愛護週間（九月二〇日～九月二六日）

新徳目⬇ 生命の尊さ・自然愛護

その1 忠犬ハチ公物語

東京の渋谷駅には、「ハチ公像」という犬の銅像が立っています。待ち合わせ場所として有名です。

ハチという犬は、今から約九〇年前（一九二三年）に生まれた秋田犬です。上野先生という大学の先生に飼われ、とてもかわいがられていました。

ハチも上野先生が大好きで、上野先生が仕事に向かう時には駅までお見送りをして、上野先生が帰ってくる時間になると、自分から駅にお迎えに行くのでした。先生の帰りが遅くなる日もありました。どれだけ遅くなっても、ハチはずっと待っていました。

ある日いくら待っても上野先生が帰ってきません。上野先生は、仕事先で突然倒れ、そのまま帰らぬ人となってしまったのです。

その後、上野先生の家に出入りしていた植木職人の小林さんがハチを引き取りました。小林さんもハチを大切にかわいがりましたが、ハチは毎日朝と夕方、決まった時間になると一人で散歩に出かけて行くのでした。

どこへ行っているのだろうと不思議に思い、後をついていってみると、ハチは渋谷駅の前にじっと座っていました。散歩に出る時間は、丁度上野先生が仕事へ出かけていた時間、そして帰ってくる時間でした。ハチは上野先生と会えると考え、待っていたのでしょう。

そんなハチに対して、最初はいたずらをしたり、蹴っ飛ばしたりする人もいましたが、それでもハチは全くその場を離れようとしませんでした。やがて、周りの人も皆親切にするようになりました。

ハチは、亡くなるまでの一〇年間、毎日渋谷駅に通いました。ハチのお葬式には渋谷の多くの人が集まり、ハチの死を悲しみました。

ハチの、主人を思いやる気持ちと堂々とした姿は、ハリウッドの映画にもなりました。現在の人たちにも、動物と人間の絆のすばらしさを教えてくれているのです。

《参考文献》『ハチ公物語』岩貞るみこ（講談社青い鳥文庫）

その2　日本初の盲導犬誕生物語

盲導犬を知っていますか。目の見えない飼い主が障害物にぶつからないように導いたり、段差の手前で止まったりと様々にサポートしてくれる頼もしいパートナーです。

盲導犬になるためには、生後一年で、盲導犬に向いているかどうかのチェックを受けます。それに合格した犬が、盲導犬を育成する学校で訓練を受けるのです。

日本では七〇年ほど前まで、盲導犬を育てる施設はありませんでした。そこで、立ち上がった人がいます。塩屋賢一さんといいます。塩屋さんは犬が大好きでした。犬を相手にする仕事で、しかも人の役に立つことができる仕事をと考え、盲導犬の育成に日本で初めて挑戦しました。

塩屋さんは、自分に目隠しをして犬の訓練に取り組みましたが、なかなかうまくいきません。段差の前で犬からの合図がなくて何度も転んだり、時には車にひかれそうになったり……。どれだけ一所懸命取り組んでもうまくいかなかったそうです。

それでもチャレンジを続けた塩屋さんは、あることに気が付きます。

「犬が目の見えない主人を思いやれるようになるには、まず人間が真剣に接してその愛情をわかってもらうしかない」

そう考えた塩屋さんは、二四時間、家の中でも一緒に過ごすようにしました。互いに心を通い合わせることができるようになると、あれだけうまくいかなかった訓練も順調に進むようになりました。

取組開始から九年。一頭の犬が、すべての訓練を終了しました。日本初の盲導犬が誕生した瞬間です。

今では、合計一〇〇〇頭近くの盲導犬が活躍しています。盲導犬たちは、外に出る時以外は、普通の飼い犬のようにじゃれたり遊んだりしています。盲導犬を飼う上で大切なのは、毎日しっかりと世話をして愛情を注ぐことなのだそうです。人間と動物の間柄であっても、信頼関係を深めることで、協力し合っていけるのですね。

《参考文献》『歩けアイメイト』三枝義浩（講談社）

★長谷川のコーヒーブレイク

「盲導犬のお仕事は大きく分けて五つあります。どんな仕事だと思いますか。ご近所さんと相談し合ってごらんなさい」

子どもたちは熱心に考えを出し合う。途中に思考を促す発問と交流を促す指示とを挟み込むことで、語りは引き締まる。

9 子どもの心を打つエピソード・人間ドラマ

82 無償の愛――命をかけて、命を救った日本人

オススメ時期⬇ 三学期、一年のまとめの時期

新徳目⬇ 勤労・公共の精神・よりよく生きる喜び

その1 今も感謝される利他の精神「ドクター肥沼」

今から約八〇年前、肥沼信次さんというお医者さんがいました。当時肥沼さんはドイツで医学を勉強していたのですが、やがて、ドイツは世界の国々と戦争を始めました。

一九四五年に戦争が終わった時、肥沼さんはドイツのリーツェンという町にいました。戦争の直後なので、立派な病院はありません。薬も食べ物も足りません。そのうえ町には「チフス」という病が広がっていて、他のお医者さんは誰も近づこうとせず、お医者さんは肥沼さんただ一人でした。そのまま町に残れば、肥沼さん自身も病気になって死んでしまうかもしれない。そんな状況です。皆さんならどうしますか。

肥沼さんはリーツェンに残り、病気で苦しんでいる人たちを救おうと決めました。町ではたくさんの人が病気にかかっていました。彼らは症状が重く、自力で動くことができません。そのため身なりも汚れてしまい、においもひどいものでした。近づくと、病気がうつる可能性もあります。

しかし、肥沼さんは倒れている人のそばに寄り添い、治療をしたり、薬を飲ませたりしました。毎日何十人と治療しますから、家に帰ると何も手につかないほど疲れきっています。それでも翌日には笑顔で患者を励まし、精一杯治療する。そんな毎日を送っていました。

そんな中、ついに肥沼さん自身がチフスにかかってしまいました。肥沼さんはどうしたと思いますか。辛い症状を我慢して、何事もなかったかのように患者さんを治療しました。不足している薬は、自分では飲みませんでした。やがて起き上がれなくなり、とうとう亡くなってしまいます。

肥沼さんが治療した人の数は数百人と言われています。

リーツェンの市役所には、今でも肥沼さんの記念プレートが飾られています。また、通りに肥沼さんが大好きだった桜を植えて、「肥沼通り」と名付け、市の人たちが大切に管理しています。死後八〇年以上たった今でも、遠いドイツの地で感謝されている日本人がいるのです。

《参考文献》
『ドイツ人に敬愛された医師・肥沼信次』舘沢貢次（瑞雲舎）

その2 世界で語り継がれる「稲むらの火」

「濱口儀兵衛」という、世界的に有名な日本人がいます。儀兵衛は江戸時代に生きた人で、今の「ヤマサ醤油」の社長を務めていました。

江戸時代の終わり頃、今の和歌山県の辺りを大きな地震が襲いました。その時、儀兵衛は和歌山県の広村という場所に住んでいました。儀兵衛は大変な物知りで、大きな地震の後には津波が来ることを知っていました。しかし、祭りの準備に心奪われている村人たちは動きません。前回広村に津波が来たのは一五〇年も昔のことなので、誰も津波の恐ろしさを知らなかったのです。

このままでは、村の皆も、そして自分自身も津波に飲まれてしまいます。皆さんならどうしますか。

儀兵衛は、一人でも多くの人を避難させようと必死に村を駆け回りました。途中、危うく津波に飲まれそうになりましたが、何とか大きな木にしがみついて、生き延びることができました。

いったん津波は引きましたが、儀兵衛は「またすぐに津波が来るかもしれない」と予測し、村人たちに対し、さらに別の場所へ避難するよう言いました。しかし、移動しようにも辺りは真っ暗で、何も見えない状態でした。そこで、村人たちが無事に避難できるように、稲むらに火をつけて安全な場所を示そうとします。稲むらとは、米を取った後の稲の藁で、傘や草履の材料や家畜のえさになる貴重な資源でした。それでも「責任は私が取る」と、火をつけました。

儀兵衛の予想した通り、二回目の津波が来ましたが、この火のおかげで、多くの人が逃げ延びることができました。

高台に集まった村人たちの眼下で、村は津波に飲まれてしまったということです。

その後も、儀兵衛は広村の復興のため、仮小屋を立てたり堤防を作ったりと、財産を投げ打って働きました。

彼の偉業は世界の国々にも知られ、語り継がれています。

《参考文献》
『富国の烈火　民力醸成篇』弘中勝（Ｗｉｎｂｉｔ）

★長谷川のコーヒーブレイク

利他の大切さを語る教師は思いのほか少ないという。語ることももちろん必要だが、もっと大切なことがある。教師自身が利他の人であることだ。率先垂範、背中で語れば、子どもたちは感化され成長していく。実践者であれ。

83 国境を越えて人のために尽くす―台湾で尊敬される八田與一

オススメ時期⬇ 二学期、係や当番の仕事が疎かになってきた時

新徳目⬇ 勤労・公共の精神

その1 東アジア最大のダムを台湾に作った八田與一

台湾で、誰もが知っている日本人がいます。八田與一《はったよいち》さんといいます。台湾では、八田さんが亡くなった日に、毎年欠かさず、八田さんをしのぶ会を行っています。すでに亡くなっている外国人を毎年しのぶとは珍しいことです。それほどまでに台湾で大切にされている八田さんとは、どんな人なのでしょうか。

台湾では夏になると雨がたくさん降り、毎年のように川が氾濫して洪水が起きていました。農家の人が苦労して耕した田畑や農家も、洪水でいっぺんに駄目になってしまうのでした。そのため、農家の人は貧しい暮らしを我慢しなければなりませんでした。これを解決するには、ダムを作って洪水を防ぐ必要がありました。

そんな台湾にダムを作ろうと計画したのが八田さんです。しかも、東アジアで一番大きなダムを、今までの作り方とはちがった新しい方法で作ろうとしました。

当時、それほど大きなダムを本当に作れるかどうか不安になる人もおり、ダムを作ることについては賛否両論でした。しかし、議論の末、台湾の未来のために挑戦しようということになりました。

これまでにない大きなダムを作るので、たくさんの人が住み込みで働くことになります。八田さんは、皆が気持ち良く働けるように、工事現場の近くにいろいろな施設を作りました。どんな施設を作ったと思いますか。宿舎や学校、病院、プール、お店、映画館などです。働いている人のみならず、彼らの家族のことまで考えてくれる八田さんは現地の人にとても感謝されました。

多くの人が力を合わせた結果、工事を始めてから一〇年後にダムは完成しました。このダムにより、嘉南平野は、お米がたくさん実る豊かな土地へと生まれ変わり、台湾の人びとの生活もとても良くなりました。完成したダムは、八田さんの功績を称えて、「八田ダム」と命名されました。

八田さんの生き方を、どう思いますか。

《参考文献》『命がけの夢に生きた日本人』黄文雄（青春出版

社）

その2　日本のことが好きな台湾

二〇一六年に行われた調査で、「もっとも好きな国は」という質問に半数以上の人が「日本」と答えた国があります。どこだと思いますか？　台湾です。なんと、台湾では五六％の人が「もっとも好きな国」として日本をあげるそうです。

二〇一一年に起こった東日本大震災の時にも、台湾から日本に多くの義援金が届きました。いくらくらいのお金が届いたでしょう。なんと二〇〇億円以上。世界一の額でした。

なぜ台湾の人はそれほどまでに日本が好きなのでしょうか（予想し、発表させる）。

その理由の一つに、台湾のために尽くした日本人がいた、ということがあげられます。

例えば、磯永吉《いそえいきち》さん、末永仁《すえながめぐむ》さんの二人は、台湾米の品種改良に励みました。

当時、台湾では日本に米を輸出していました。しかし台湾米には粘りけがなく、日本人の口に合わなかったため、人気がありませんでした。米が日本で売れなければ、台湾の経済も落ち込んでしまいます。

磯さん・末永さんは膨大な数の実験を行い、一〇年かけて、米の品種改良に成功しました。台湾の気候によく合い、味も優れている米は「蓬萊米《ほうらいまい》」と名付けられ、日本でも人気となりました。

磯さん・末永さんの努力によって、台湾の農業、そして経済が大きく発展していったのです。

二人の功績に感謝した台湾政府は、帰国した磯さんに対し、毎年二〇俵（約一二〇〇キログラム）の蓬萊米を送りました。

二人の名前は「台湾に影響を与えた五〇人」の中にも刻まれています。二〇一二年には、寄付金によって、台湾大学に磯さん・末永さんの銅像が設置されました。

台湾が日本を好きなのは、こうやって台湾のために力を尽くした日本人がいたおかげかもしれませんね。

★長谷川のコーヒーブレイク

台湾からの義援金の事実を、私たちは忘れてはならない。あの小国が世界一の額を届けてくれたのである。そこに込められた思いをこそ受け止めるべきだ。彼らの親日感情は、日本人の真摯な貢献に支えられている。そこを語ろう。

9 子どもの心を打つエピソード・人間ドラマ

84 世界から支えられている日本

オススメ時期➡ 三月、東日本大震災について語る時

新徳目➡ 感動・畏敬の念

その1 震災でも来日した海外アーティスト

二〇一一年三月一一日、東日本大震災が起きました。地震後の津波によって、福島の原子力発電所で事故が起きます。体に有害な放射性物質が発電所の外へ漏れているかも知れないという理由で、日本を訪れる外国人は次々と予定をキャンセルしました。日本でコンサートを開く予定だった海外のアーティストたちも、同様でした。

そんな中、大変な状況に置かれている日本の人たち、特に東北の人たちを励まそうと来日したアーティストがいました。その一人が、世界的に有名な歌手であるサラ・バレリスさんです。サラさんが、日本を訪れた時の記録です。

「お皿を拾い集めながら、こんなかわいいお皿が自分のキッチンにあったら、きっとかわいらしいだろうなって思ったわ。きっとこのお皿は以前誰かのキッチンに飾られていたんだろうな……がれきに埋もれてしまう前まではね」

サラさんがどこにいるかわかりますか。続きを読みます。

「本当にきれいな街なのに、すべて破壊されている。排水溝を掘るとこの町の人々のものが出て来るのが、本当に信じられない。写真とか子どもの靴とか……。ゴミの山の前で泣いてしまったわ」「この人たちは今、何も無いのよ。日本の沿岸沿いにずっとこんな光景が続いているのよ」

サラさんがどこにいるかわかりますか（発表させる）。

サラさんは、震災から二カ月後に日本に来ました。コンサートを終えた彼女は震災の被害がひどかった岩手県大船渡市に足を運び、瓦礫を片付けるボランティアを行いました。滞在期間は四日でしたが、四日間とも、他のボランティアの人と同じように、朝から夕方まで道路や排水溝にたまった泥を取り除く作業をしました。夜はすべて寝袋で寝たそうです。

彼女は自ら日本を訪れることで、日本の現状を世界の人々に伝えてくれました。日本は大変苦しい困難に遭いましたが、その苦しみを分かち合い、支えてくれる人が世界中にたくさんいることを改めて知ったのです。

《参考文献》
サラ・バレリス公式ホームページ（Sony Music）

その2 震災後に寄せられたメッセージ

大きな被害をもたらした東日本大震災。世界中から様々な応援が日本に届きました。

日本の復興のために、世界中の国々がお金を送ってくれました。貧しい国からも大切なお金が届きました。たくさんの応援メッセージも届きました。

アメリカのミュージシャンであるシンディローパーさん。

「日本は、これまで世界中の困っている人を助けてきた。だから今回は皆で日本を助けたい。日本は日の昇る国。自分たちを信じて立ち上がりましょう。ガンバッテ」

サッカーのリオネル・メッシ選手。

「日本の皆さんに僕からの抱擁を。いま日本で起きていることを思うと、とても悲しいです。でも、皆さんならきっとそれを乗り越えられると信じています」

アメリカのロックバンド、ミスタービッグ。

「日本人は、この非常時に暴動もなく互いに助け合える立派な民族。必ず復興し、より素晴らしい国に発展すると確信している」

これ以外にも、たくさんのメッセージが届きました。

より具体的な支援をしてくれた人もいます。たとえば、世界的に有名なアーティスト、レディー・ガガさんです。

ガガさんは、飼っている犬に「コージ」と名付けるくらい、日本が大好きなことで知られています。

そのガガさんが震災後すぐにしたことがあります。何だと思いますか。「日本のために祈りを」と書かれたリストバンドをグッズとして販売し、その売り上げを寄付する計画を立てたのです。彼女は計画を実行し、自分自身のお金も合わせて、三億円以上もの寄付をしてくれました。

震災の後、多くの人たちが日本に来るのをキャンセルしました。原子力発電所の影響が心配だったのです。しかし、ガガさんは日本へ来て、一〇日間も滞在し、日本が安全な状況であることを世界に向けてアピールしてくれました。

日本人同士の助け合いと真剣な努力のみならず、世界中の人々の応援があって、日本の復興は進んだのです。

★長谷川のコーヒーブレイク

「日本は、これまで世界中の困っている人を助けてきた。だから今回は皆で日本を助けたい」「日本人は、この非常時に暴動もなく互いに助け合える立派な民族」読み上げるだけで力が湧いてくるではないか。

9 子どもの心を打つエピソード・人間ドラマ

85 障がいを乗り越える――語り継ぎたい偉業

オススメ時期⬇ 障がいについて学ぶ時　新徳目⬇ 生命の尊さ

その1　画家　星野富弘

（星野さんの絵を見せて）感想をどうぞ。これを描いた人は手が使えませんでした。筆を口にくわえて描いたのです。描いた人を星野富弘さんといいます。

星野さんは小さい頃からスポーツが大好きでした。大学を卒業して、中学校の体育の先生になりました。

体育の先生になって二カ月がたった頃のことです。体操の指導中に宙返りをした時、バランスを崩して落下し、首の骨を折ってしまいました。何度も生死の間をさまよいながらも一命を取り留めました。でも怪我は治りませんでした。呼吸はできるようになりましたが、首から下は動かないままでした。トイレに行くことも食事をすることもできません。もう生きようとする気持ちはありませんでした。その日その日がただなんとなく過ぎてゆくだけでした。

そんな中、病院で友だちになった人が転院することになり、皆で寄せ書きを書くことになりました。でも手は使えません。仕方なく寝たまま横向きになりペンにガーゼを巻いて口にくわえました。友人を驚かせたい、喜ばせたい。そんな気持ちでやってみました。ペン先が紙に触れ、黒いしみができます。慣れない作業で大変でしたが、うれしくてやめられなかったそうです。

そしてその時思い出したのです。「自分は体が動かなくなる瞬間までずっと体操をやってきた。床、吊り輪、平行棒、鉄棒……、最初できないと思った技がなぜできるようになったかというと、やさしい技を繰り返す基礎から繰り返し練習したからだ。下手でもいいじゃないか。どんなにのろくてもいいじゃないか。もう一度体操を始めた時のような気持ちでやってみよう。私の書く文字は、今はへなへなして見かけの悪いものだけれど、練習していけば、いつかきっと美しい字が書けるようになる」と。一つの作品を完成させるのに何日もかかり、長い時間描き続けると熱も出ました。それでも続けて後々には画家になったのです。

星野さんの生き方から、何を学びましたか。

《参考文献》『愛、深き淵より。』星野富弘（立風書房）

その2　ピアニスト　辻井伸行

辻井伸行さんというピアニストがいます。世界的に有名な辻井さんですが、生まれつき、両目が見えません。

小さい頃、身のまわりの様々な音、例えば電話の着信音、掃除機の音などが聞こえると不安になって泣きじゃくったそうです。その中で唯一、喜んだ音がありました。ピアノの音でした。ピアノの演奏曲が流れると、赤ちゃんの辻井さんはバタバタと部屋のふすまを蹴って体全体で喜びを表現したそうです。そこで両親はおもちゃのピアノをプレゼントしました。これが、ピアノとの初めての出会いでした。

二歳になった辻井さんは、お母さんの歌声に合わせ首を揺らしながら楽しそうに鍵盤を叩きました。六歳の時、ピアニストの川上先生と出会いました。先生は辻井さんの演奏能力と耳の良さから才能を感じ取り、そこからプロのピアニストを目指す二人の挑戦が始まりました。

でも、目の見えない辻井さんはどのように練習をしたのでしょうか。先生が楽譜の内容を自分の声と演奏でカセットテープに録音し辻井さんに聞かせたのです。それを使って楽譜を暗記、練習し、その繰り返しの後、レッスンを受けました。時間のかかる大変な練習でした。

でも辻井さんは、目標をかなえるための積極性と向上心を持っていました。そして何よりピアノを弾くことが大好きでした。小学校一年生の時、初めてコンクールに挑戦しました。先生が「中学生や高校生に混じって演奏できる？」と尋ねると「できます！　出たい！」と張り切りました。そして見事な演奏をして初優勝しました。

ある時辻井さんは思いました。「僕はなんで目が見えないんだろう」と。でもすぐその後に、「でも、僕はピアノが弾けるし、目の見えないことなんて関係ない」と思ったそうです。辻井さんにとってピアノは、障がいを乗り越える大きな力になったのです。

目の見えないことを言い訳にせず、好きなこと、得意なことで努力をしたからこそその成功なのですね。

《参考文献》『辻井伸行　奇跡の音色』神原一光（アスコム）

★長谷川のコーヒーブレイク

山口県の小学校教諭である河田孝文氏の道徳実践に、「三人のお母さん」の授業がある。TOSSランドで検索すれば指導案を入手できる。この語りと合わせて実践するとよい。卒業式直前に行うとより高い教育効果を得られるだろう。

9 子どもの心を打つエピソード・人間ドラマ

86 世界が感激！──日本人の思いやりの心

オススメ時期⬇ 教室を温かい雰囲気で包みたい時

新徳目⬇ 親切・思いやり

その1 偉人を支えた日本人

エジソンはアルカリ電池や電球など様々な物を作り出し、「発明王」と呼ばれていました。そのエジソンが心から信頼していた助手の名を岡部芳郎といいます。日本人です。

岡部さんはある日、エジソンが悪い人に襲われそうになったところを、体を張って守りました。それがきっかけで、エジソンの実験を手伝う助手になりました。

エジソンはある日、岡部さんに部屋の片づけをお願いしました。その時、岡部さんを試すためにお金や宝石も置いておきました。その時代、外国ではお金を置きっぱなしにしておけば取られて当たり前でした。しかし、岡部さんは一切手を付けずに片付けをしました。エジソンはそれ以来、岡部さんを深く信頼しました。

発明のアイディアを守るため、エジソンは秘密の研究室を持っていました。そこにただ一人入ることを許され、エジソンの発明活動を一番近くで支えたのが日本人の岡部さんなのです。

もう一人、世界の偉人に信頼されていた日本人を紹介します。チャールズ・チャップリンを知っている人？　約三〇年前に亡くなったイギリスのコメディアンですが、映画を通して世界中で有名でした。そのチャップリンを、一八年もの間支えた日本人がいます。高野虎市さんといいます。

高野さんは、最初はチャップリンの運転手として雇われました。そのうえボディガード、仕事の手伝い、家事や子どもの世話など、どんなことでも熱心に取り組みました。チャップリンは高野さんの仕事ぶりに感激し、他の一七人のお手伝いさんを全員日本人にしたこともあったそうです。

チャップリンは日本が大好きになり、一生のうち四回日本に来ました。そのきっかけを次のように述べています。

「日本人は皆親切で正直だ。何をやるにつけ、信用ができる。そのため自然と日本人が好きになった」

日本人が昔から大切にしてきた正直さや誠実さ、勤勉さを、これからも大切にしていきたいですね。

《参考文献》『世界を号泣させた日本人』黄文雄（徳間書店）

その2 ストイコビッチ引退のエピソード

日本のサッカーのプロリーグをJリーグといいます。そのJリーグで七年間プレーを続けた外国人選手がいます。ストイコビッチ選手といいます。

ストイコビッチ選手は、世界でもトップクラスのプレーヤーで、所属するチームを世界大会の優勝、準優勝にそれぞれ一回ずつ導きました。そのかっこいいプレーに、たくさんのファンがいました。

日本で七年間プレーを続けたストイコビッチ選手は、そのまま現役を引退しました。引退試合を終えた後、家族でお祝いをしにレストランに出かけました。お店に入るとたくさんの人がいました。その人たちはストイコビッチ選手を見てどうしたと思いますか？（発表させる）

ストイコビッチ選手はサインやら握手やらでてんやわんやになると予想しました。しかし、誰も来ません。

「今日ここにいるお客さんは、誰も私のことを知らないんだな」と思ったほど、誰も動かなかったのです。おかげで家族四人でゆっくりと食事を楽しむことができました。

ストイコビッチ選手と家族が食事を終え、お店を出ようとしたその時です。店内に大歓声と大きな拍手が鳴り響きました。「ストイコビッチ！　今までありがとう！」皆笑顔で彼を見つめていました。

お客さんたちは皆、ストイコビッチ選手のことを知っていたのです。しかし、家族で引退のお祝いをしに来たストイコビッチ選手の邪魔をしてはいけないと気遣って、静かにしていたのです。ストイコビッチ選手は日本人の思いやりに心から感動しました。

「むしろお礼を言いたいのは私だ。本当に日本に来て良かった。この日のことは一生忘れない」と後に語っています。

ストイコビッチ選手は「日本は第二の故郷だ」と言い、知り合いに日本の良さを熱く語るそうです。日本人の親切さや、思いやりが彼の心に届いたのですね。

《参考文献》『誇り　ドラガン・ストイコビッチの軌跡』木村元彦（集英社文庫）

★長谷川のコーヒーブレイク

来訪した外国人が日本及び日本人の素晴らしさを語る。これは江戸末期から変わらぬ「年中行事」である。だがその数は減少している。渡辺京二氏の『逝きし世の面影』を読むと、明治以降日本人が失い続けてきたものを考えさせられる。

9 子どもの心を打つエピソード・人間ドラマ

87 人の喜びを自分の喜びにした人の話

オスス メ時期⬇ 働くことのすばらしさを伝えたい時

新徳目⬇ 勤労・公共の精神・親切・思いやり・感謝

その1 あるレジ打ちの女性

あるところに、一つのことを続けるのが苦手な女性がいました。どんな仕事についても、すぐやめてしまうのです。

ある日、その女性はスーパーのレジ打ちの仕事に就きました。ところが一週間ほど経つと、その仕事にあきてしまいました。もう仕事をやめようと思っていた時、女性は、小さい頃に書いた日記を見つけました。

日記には、「ピアニストになりたい」と書いてありました。「小さい頃は一つのことを一所懸命がんばっていたのに、今は簡単にやめようとしている」そう思った女性は、もう少し仕事を続けることにしました。

何日も何日も集中してレジを打っていると、キーの場所を覚えてしまい、キーを見なくても打てるようになりました。すると、今までは見えなかったお客さんの様子が見えるようになったのです。どの人がどんなものを買うのか、わかるようになりました。

それから、お客さんに話しかけるようになりました。「今日の夕食はカレーでしょう?」「今日はサンマがおすすめですよ」お客さんも笑顔で言葉を返してくれます。話すのがどんどん楽しくなります。いつしかお客さんの顔と名前を覚えて、さらに親しく会話するようになりました。

ある日、「今日はすごく忙しい」と思い、ふと周りを見てびっくりしました。他のレジは空いているのに、自分のレジにだけお客さんが並んでいるのです。店長が「空いているレジに行ってください」と言うと、お客さんはこう言いました。「私はあの人としゃべりに来ているんだ。だから、このレジじゃなきゃ嫌なんだ」この言葉を聞いて、女性は、ワッと泣き崩れました。働くことは、こんなにすばらしいことなのだと初めて気づいたのです。

置かれた状況で自分なりに工夫をすることで、見える景色が変わってきます。相手を喜ばせようと工夫することで、働く喜びはより大きくなっていくのですね。

《参考文献》
『涙の数だけ大きくなれる!』木下晴弘(フォレスト出版)

その2 ある美容師さん

都内の美容室で働く、ある美容師さんのお話です。

仕事を長く続けるうちに、いくつもの悩みを抱えるようになりました。例えば自分とお店との考え方のちがいです。また、後輩に指導しなくてはならず、自分の練習時間を満足に取れないことです。自分の思うように働くことができないことで、「これが私のやりたかったことなのかな」と考えるようになりました。

ある日、自分のおばあちゃんに会いに、老人ホームへ行きました。すると、若い頃はおしゃれだったおばあちゃんが、ただざっくりと切っただけの髪形になっていました。

それを見た美容師さんは、髪をきれいに整えてあげることにしました。おばあちゃんはとても喜びました。

すると、おばあちゃんと同じ部屋に住んでいる女性が「わたしの髪も切ってほしいわ」と言います。髪を切ってあげると、その女性もとても喜んでくれました。

「このような人たちに喜んでもらうために働きたい」美容師さんはそう思い、美容室をやめ、お年寄りを訪ねて髪の手入れをしてあげる仕事を始めました。

ある日、末期ガンの女性の家を訪ねました。女性は、ひと目見れば病気だとわかるほど顔色も悪く、起き上がることすらつらそうでした。

美容師さんは髪をきれいに洗い、おしゃれにカットしました。「ほら、きれいになりましたよ」と鏡を見せると、女性は、しばらくじっと自分の顔を見つめていました。

美容師さんが片付けを始めた時のことです。突然、女性が「どう?」と声をかけてきました。振り向くと、口紅をぬって、別人のように美しくなった女性がいました。

美容師さんは、鳥肌が立ちました。起き上がるのもつらそうな病気の人が、髪をきれいにしたことで、生きる力を見出す。自分の仕事が、人の人生にも良い影響を与えることに深く感動したのです。私たちのする仕事は、仕事の向こう側にいる相手に生きる力を与えるのですね。

《参考文献》『人を助ける仕事』江川紹子(小学館文庫)

★長谷川のコーヒーブレイク

人の喜びを自分の喜びにできる人は強い。自らの仕事によって喜ぶ人の姿を見て、その姿に深い感動を覚えたなら、その仕事を天職だと思えるようになるだろう。本稿の二つのエピソードはその実例である。

9 子どもの心を打つエピソード・人間ドラマ

88 人が集まるところにあるヒミツ

オススメ時期⬇ いつでも

新徳目⬇ 思いやり

その1 テーマパークのおもてなし

皆さんはディズニーランドに行ったことがありますか。日本のディズニーランドだけで毎年三〇〇〇万人以上が訪れるそうです。大人気ですね。

そのディズニーランドを最初に創ったのは、ウオルト・ディズニーというアメリカ人です。創る時、ディズニーが一番大事にしたのは、「お客様に夢と感動をプレゼントする」という考え方です。

では、「お客様に夢と感動をプレゼントする」ために、彼らが最も力を入れている仕事はなんでしょうか（発表させる）。

一番力を入れている仕事は、「掃除」です。

ディズニーランドに行ったことがある人は分かると思いますが、ゴミがほとんど落ちていないのです。お客様に夢と感動をプレゼントするために、きれいで美しい場所を提供しようと努めているのです。

ディズニーランドで掃除をする人たちは「カストーディアル」と呼ばれています。カストーディアルの人たちは、「赤ちゃんがハイハイしても大丈夫なくらいに、きれいにすること」を目標にして仕事に励んでいるそうです。

そのために朝から晩まで掃除をします。三〇〇人ずつがチームになり、担当場所を一五分間で交代しつつ、環境を美しく保つのです。たとえゴミが落ちてしまったり、捨てられてしまったりしたとしても、一五分以内に必ず拾われる仕組みになっています。こぼれてしまったジュースやポップコーンなども、素早く掃除されます。笑顔で、踊るように掃除する姿は、見ているだけで楽しくなります。

さらに、夜になると、「ナイトカストーディアル」と呼ばれている人たちが現れます。彼らは夜中の一二時から朝の七時まで、ディズニーランド内でブラシを使った水洗いをしているのです。便器に名前を付けて、友だちのように大切に磨く人たちもいるとか。

アトラクションやショーなどの派手な部分だけではなく、掃除という日常的で目立たない活動を精一杯行っているからこそ、ディズニーランドの感動が生まれているのです。

その2 旅館のおもてなし

石川県に「加賀屋」という旅館があります。「プロが選ぶ日本のホテル・旅館百選」で三六年間日本一に選ばれた旅館です。一度訪れると、何度も何度も行きたくなる、そんな旅館なのだそうです。

なぜ何度も行きたくなるのでしょうか。その秘密は加賀屋の「おもてなし」にあります。

加賀屋には客室係の仕事について書かれたマニュアルがあります。しかし、マニュアル通りに仕事をするだけでは加賀屋では評価されません。

加賀屋の客室係は「笑顔で気働き」という言葉を常に意識して働いています。常に笑顔で気持ち良くお客様を迎え、その場に応じて機転を利かせ、お客様が求めていることを先読みして行動する。これを皆で大切にしているというのです。

こんなエピソードがあります。ある客室係がお母さんと娘さんの二人のお客様を担当した時のことです。

その二人は最初、何となく暗い雰囲気でした。客室係は、少しでも元気になってほしいと思い、接客を続けました。

食事の時のことです。旬のお刺身をサービスで出すことにしました。

それを見た娘さんがお母さんにこう言ったのです。

「お父さんがいたら泣いて喜ぶわね」

話を聞くと、そのお父さんはすでに亡くなっていました。前からずっと加賀屋に泊まりたがっていたのだそうです。二人はお父さんのために旅行に来たと言いました。

話を聞いた客室係は、新たにお花を一輪添えて食事を提供しました。二人は、涙を流して喜んだそうです。

目の前にいるお客様の喜びのために、常に先回りをして考え、行動する。これが加賀屋の「おもてなし」であり、人気の秘密なのです。

皆さんが学べることは何でしょうか。

《参考文献》

『加賀屋　笑顔で気働き—女将が育んだ「おもてなし」の真髄』
小田真弓（日本経済新聞出版社）

★長谷川のコーヒーブレイク

ディズニーランドを宣伝する気はない。子どもたちと一緒に考えたいのは、「そこにはなぜ人が集まるのか」である。換言すれば、魅力の追求である。成功者に学んで人生の質、所属する集団の質を高める。その学び方も学ばせるのである。

89 勉強が苦手な僕はダメな子か—励まし続けるのが教師

オススメ時期⬇ 一学期の半ば

新徳目⬇ 個性の伸長

その1 アインシュタイン

「天才」というと、誰を想像しますか。

世の中には「天才」と呼ばれる人がたくさんいます。その中の一人が、アルベルト・アインシュタインです。「相対性理論」という、とても有名な理論を発表した人です（アインシュタインの詳細は70「くじけない心」参照）。

さて、「天才」と呼ばれるアインシュタインは小さい頃からずっと勉強ができて、頭がよかったのでしょうか。

アインシュタインは、小さい頃は決して勉強ができる子どもではありませんでした。

たとえば通常、子どもは一歳から二歳くらいで言葉を話し始めます。しかし、アインシュタインは三歳になる頃まで言葉を話しませんでした。両親はとても心配したそうです。

また、文字の読み書きが苦手だったり、簡単な計算をたくさん間違えたりして、小学校ではかなり苦労したようです。

さらに、友だちと仲良くすることも苦手だったため、先生を困らせることが多かったそうです。

高校時代は唯一、数学だけは得意だったものの、他の教科の勉強ができなかったためにたくさん勉強をさせられたり、周りから「のろま犬」などと馬鹿にされたりしました。

苦手なことは周りの人よりもたくさんありました。しかし、アインシュタインは自分が興味を持った分野を一所懸命に研究し続けたのでした。その結果、世界で知らない人はいないくらい有名な理論「相対性理論」を考え出すことができたのです。

アインシュタインは、次の言葉を残しています。

「私は天才ではない。ただ人よりも長く一つのことと付き合っていただけだ」

今、勉強が苦手で苦労している人もいるかもしれません。そんな時、「自分はダメなんだ」「自分はバカなんだ」と考える必要はありません。何か一つでもいいので、自分で興味の持てることを見つけ、そのことに打ち込み、努力を重ねてみましょう。いつかきっと、花開く時がきますよ。

その2　1／4マイルの壁　心の壁を乗り越えて

陸上競技の世界に、「1／4マイルの壁」という言葉があります。「マイル」とは、センチメートルなどと同じ、長さの単位です。

さて、一マイルとはどれくらいの距離か知っていますか？一六〇〇メートルです。校庭のトラック八周分。歩くと二五分くらいかかります。

今から約九〇年前の一九三〇年、ある選手がこの一マイルを四分一〇秒で走り切りました。これは当時の世界最高記録で、これ以上の記録を出すことは絶対に無理だと言われました。それでも多くの有名な選手が一マイル四分を切ることに挑戦しました。しかし、どうしても越えられませんでした。「一マイル四分を切ることは人間の体では不可能である」と言うお医者さんや研究者も現れるほどでした。

ところが、その三〇年後、イギリスのバニスターという選手が、三分五九秒という記録を出しました。

この記録が出た後、あっと驚く出来事が起こります。

なんと、わずか二カ月間に、続けて四人もの選手が四分を切るタイムを出したのです。

絶対に無理だと言われた記録を破る選手がたった一人現れたことによって、「人間には無理だ」という意識の壁が崩れ、記録を破る選手が次々と生まれたのです。

この出来事から、こんな言葉が生まれました。

「『できない』『無理』という自分で決めていた壁がなくなると、あっという間にできてしまうものだよ」

皆さんの学校生活の中でも、「難しい、無理だ」と思うことがあるでしょう。例えばどんな時でしょうか。

その時、壁を目の前にして「無理だ」とあきらめてしまうのではなく、「やってみよう」「自分ならできる」と信じてやってみることが大切です。「できない」のは、無意識に自分が作ってしまっている「壁」のせいなのかもしれませんからね。

《参考文献》
『パーフェクトマイル』ニールバスコム（ヴィレッジブックス）

★長谷川のコーヒーブレイク

向山洋一氏の「授業の原則十か条」の第十条「激励の原則」。常に励まし続けることこそ、教師の仕事の原則である。激励によって子どもたちの闘争・逃走アラームは止まる。生きる気力を育む激励の語りを多種多様にストックしておこう。

90 小学生の悩みトップ10—「もっとお小遣いがほしい」

オススメ時期⬇ 五月、学校生活に慣れ始める頃

新徳目⬇ 礼儀・希望と勇気・努力と強い意志

その1 もっとお小遣いがほしい

ある小学生の日記を紹介します。

◆私には欲しいものがある。誕プレと文房具だ。でも、今のお小遣いでは足りないから、お母さんに言ってみた。

「お小遣いが足りないの。もう少しちょうだい」

「いったい何に使うの?」

「え! 言わなきゃいけないの?」

「言えないようなことに使うの。それじゃあ、あげられませんよ」

「じゃあ。誕プレと文房具」

こんなやり取りの後、私は家の手伝いを任された。洗濯物をたたんでタンスに入れることと玄関をほうきで掃くこと。このふたつを毎日毎日、ひと月続ける約束をしたのだ。お小遣いアップのために我ながら頑張った。

たまに、臨時収入があった。近所に回覧板を届けたり、取れた野菜を届けたりすることだ。一回につき五〇円だった。もっと欲しくて、「何かない?」とねだったこともあった。

ある時、近所に野菜を届けに行った帰り、玄関の目の前で卵と一緒に転んでしまった。お返しにといただいた新鮮な卵だった。「これじゃあ、臨時収入がもらえない」って落ち込んだ。

晩御飯に大きな卵焼きが出てきた。

「さくらが転ばなかったらこんなに大きな卵焼きは作らなかったよ。ありがとね」いいのか悪いのか、よくわからないけどおいしかった。

一か月後、念願のお小遣いをもらうことができた。

「やった! これで、誕プレが買える。文房具も買える」

その後、任されていた家のお手伝いはピタッとやらなくなってしまった。

そんなある日、お母さんがぼそっと言った。

「また、お母さんのお仕事になっちゃったねえ」

お母さんはお小遣いのためにやっているのではない、と気づかされた瞬間だった。◆

その2　人前で話すのが苦手だ

ある小学生の日記です。

◆「また泣いて」と担任の先生に叱られた。国語の時間、音読でさされた時のことだ。立ったら涙が出てきて、何も言えなくなった。うつむいて、涙をこらえるのに必死だった。私は、授業でさされた時も、帰りの会で係の連絡を伝える時も、涙が出てきてしまい、話すことができなかった。

一学期最終日。通知票には、「人前で泣かないようにしましょう」と書かれていた。この通知票をお母さんに見せるのかと思うと、とてもいやな気持ちになった。

「連絡帳をもって先生の所へいらっしゃい」

通知票をもらった後、一人一人先生のところに呼ばれた。眺めていると、呼ばれた友だちは先生とこそこそ話している。戻ってくる子に聞いても「先生との秘密！」と誰も教えてくれない。不安になるばかりだった。いよいよ自分の番になった。

「よく泣いたね。泣くのはもうやめましょう。泣くなら隠れて泣きなさい。「人前で泣きません」連絡帳に書くんだよ。これは先生との秘密の約束」言われるままに書いた。ただ、この約束は、本当に守れるのだろうか。

二学期になった。最初の国語の時間、いつものように音読があった。案の定さされた。目が熱くなってきた。

でも、今日はちがう。連絡帳に書いた先生との秘密の約束がある。「人前で泣きません」呪文のように唱えた。熱かった目が、冷めていくのを感じた。なんとか声を出して、教科書を読んだ。短い文を最後まで読めた。先生と目が合った。「やった！」と心の中で叫んだ。

その日の帰りの会、先生のお話が始まった。

「今日はいいことがありました。さくらさんが、泣かずに発表することができました。頑張りましたね」

家に帰って、お母さんに話した。

「今日ね、先生に褒められちゃったよ。泣かずに発表できたねってさ」これからも頑張れそうな気がする。◆

★長谷川のコーヒーブレイク

私は担任する生徒に毎日日記を書かせ、提出させる。こちらも毎日コメントを綴る。共有したい文章は、本人の許可を得て読み上げたり、学級通信で紹介したりする。子どもは子どもにも学ぶものだ。その影響は極めて大きい。

91 小学生の悩みトップ10―「きれいになりたい」

オススメ時期⬇ 六月、運動会や校外学習など行事前

新徳目⬇ 個性の伸長・親切・思いやり・礼儀

その1 かっこよくなりたい

篠原信一さんという、柔道の元日本代表選手がいます。「イケメン」という感じではありませんが、柔道選手らしくがっしりとしたたくましい体つきで、二〇〇〇年のオリンピックでは金メダルを期待されていました。

いよいよ決勝戦、これに勝てば金メダル。接戦でしたが篠原選手の技が見事に決まりました。思わずガッツポーズ。これで金メダルと思った矢先、何と審判の人たちは相手の技が先に決まったと判定したのです。監督も抗議しましたが判定は変わらず、篠原選手は負けてしまいました。

試合が終わった後のインタビュー。篠原選手は「自分弱いから負けたんです」とだけ述べ、審判の判定について文句を言うことは一切ありませんでした。言い訳を一切しないその姿を多くの人が「かっこいい」と評価しました。

もう一人紹介します。アメリカで活躍しているダルビッシュ有選手です。ダルビッシュ選手からホームランを打った相手チームの選手が、ダルビッシュ選手を差別する発言をし、アメリカ中で批難の声が上がりました。そのことに対して、ダルビッシュ選手は次のように発信しました。

「完璧な人間なんていません。彼もそうだし、僕だってそうです。彼が今日したことは、正しい行為ではなかった。それでも僕たちは、彼を責めるよりも、学ぶ努力をするべきなんです。この経験から学べるならば、人類にとって大きな一歩になるはずです。僕たちはこんなにも素晴らしい世界に生きているのですから、怒りにフォーカスするのではなく、ポジティブに、前に進んで行きましょう。皆さんの大きな愛情が、僕の支えになっています」

この対応を多くの人が「すばらしい」「かっこいい」と絶賛し、相手の選手もダルビッシュ選手に謝りました。

世の中では見た目が良い人のことを「かっこいい」と言いますが、見た目ではない、内面のかっこよさもあるのです。ぜひ、内面も「かっこいい」人になってくださいね。

《参考文献》

『カッコよく生きてみないか!』齋藤孝（ＰＨＰ研究所）

その2　きれいになりたい

女優やアイドルに憧れる人は多いですよね。かわいい服や髪形、お化粧など、見た目を飾ることが気になる人はたくさんいることでしょう。

一方、最近では「女子力」や「性格美人」という言葉をよく耳にします。見た目の良さだけではなくて、見る人に「すてきだな」と思わせる行動や態度の良さを指す言葉だそうです。

日本に来たある外国人のお話です。Aさんとします。Aさんはある日、電車に乗りました。電車は満員で、Aさんは揺られた拍子に後ろに立っていた日本人女性の靴の先を踏んでしまいました。

皆さんが靴を踏まれたら、何と言いますか。

Aさんはすぐに「ごめんなさい」と謝りました。すると、その女性は微笑んで、「靴の先は空いているから大丈夫ですよ」と言ったのだそうです。

靴を踏んでしまったAさんは、その女性の対応にとても感動したのだそうです。素敵な対応ですね。

とある会社の調査では、「性格美人」には四つの特徴があるのだそうです。

一つ目は、人の悪口を言わない。相手に悪口を言うのを聞いていていい気持ちはしませんよね。

二つ目は、誰にでも優しい。いつも仲良しの友だちだけでなく、誰にでも優しい人は、心が温かいです。

三つ目は、いつも笑顔でいる。ニコニコしていると、周りも明るくなります。

四つ目は、思いやりがある。相手のことを考えて行動できるということです。

一つにまとめるなら、「他の人のことを考えて行動できる明るい人」が、「性格美人」だと言えるでしょう。この四つを意識して、素敵な女性になりましょうね。

《参考文献》
マイナビウーマン　https://woman.mynavi.jp

★長谷川のコーヒーブレイク

「かっこいい」は思春期のキーワードの一つである。容姿は歳と共に衰えるが、内面は磨くほどに魅力を放つ。内面の磨き方で今すぐできて効果が高いのが和顔愛語だ。最初は自分のためでいいからやってみよ。そんなふうに語ってきた。

10 子どもの心を強くする話

92 小学生に贈る金言―負けに不思議の負けなし

オススメ時期⬇ あきらめの声が出始めた時

新徳目⬇ 希望と勇気・努力と強い意志

その1 負けに不思議の負けなし

元プロ野球チームの監督、野村克也さんは名将、名監督と言われていました。

そんな、野村克也監督がよく言っていた言葉です。

「勝ちに不思議の勝ちあり、負けに不思議の負けなし」

「勝ちに不思議の勝ちあり」というのは、「ラッキーで勝ってしまう時もある」という意味です。

それでは、「負けに不思議の負けなし」とはどのような意味なのでしょうか。ヒントです。

「負けた時には必ず□□がある」（板書し、考えさせる）

「負けた時には必ず原因がある」という意味です。

野村監督は、チームが負けた時には、なぜ負けたのかを徹底的に考えさせました。負けた原因を明らかにして、直して、次の時には同じ負け方をしない。そのようにして、チームはどんどん強くなっていきました。

これはスポーツに限ったことではありません。勉強でも同じです。例えば、毎週行っている漢字の小テストで百点が取れなかったとします。

そこにもやはり原因があります。似ている漢字と間違えて覚えていたとか、画数が一画足りなかったとか、練習不足で忘れていたとか、必ず原因があるはずです。

間違えた時にその原因をいつも考えているという人？

そして、次に百点が取れるように、何をするか考えているという人？

そのように考えられるようになれば、次のテストでは同じ間違えをしなくなります。

うまくいかなかった時に、原因とどうしたらいいかを考えられたら、どんどん上達していきます。

つまり、うまくいかなかった時こそ成長するチャンスなのです。これから、失敗した時に、残念がるのではなく、「これはチャンスなんだ」と考えるようにしましょう。失敗から学んで、直して、また挑戦すればいいのです。

《参考文献》『野村の流儀　人生の教えとなる257の言葉』野村克也（ぴあ）

その2　失敗は成功の母

世界で有名な野球選手であるイチロー選手。プロもあこがれる超一流のプロ野球選手です。イチロー選手はこれまでに四〇〇〇本以上のヒットを打っています。

それでは、これまでにヒットを打てなかった回数は何回あったと思いますか（発表させる）。

イチロー選手は約一四〇〇〇回バッターボックスに立っています。つまり、約一〇〇〇〇回はヒットにならなかった。打てなかった回数の方がはるかに多いのです。

マイケル・ジョーダン、知っている人？　もう引退しましたが、ジョーダンもバスケットボールの神様と言われた超一流プレイヤーです。マイケル・ジョーダン選手が言っていたことです。

「九〇〇〇回以上シュートを外し、三〇〇試合に敗れ、決勝シュートを任されて二六回も外した。人生で何度も何度も失敗してきた。だから私は成功した」

二人に共通していることは何ですか（発表させる）。

「成功している人は、たくさん失敗している」ということです。これはスポーツの世界に限らないのです。電球を発明したエジソン。エジソンは電球を発明するまでに、何回失敗したと思いますか（発表させる）。

二〇〇〇〇回も失敗しました。二〇〇〇〇回失敗して、初めて電球を完成させることができたのです。

このような人たちは、失敗した時に、くよくよしたと思いますか？　くよくよしたと思う人？（挙手させる）

エジソンはワクワクしたとまで言っていました。ジョーダンは、「人生で何度も何度も失敗したから私は成功した」と言っていました。イチローは「四〇〇〇本のヒットを打つには、八〇〇〇回以上は悔しい思いをしてきているんですよね。誇れるのは、その失敗と自分なりに向き合ってきたこと」と言っています。「失敗は成功の母」です。失敗を恐れずに、何にでも挑戦してみましょう。

注記＝ネタ元は「勝ちに不思議の勝ちあり、負けに不思議の負けなし」で肥前国第九代平戸藩主、松浦清の言葉。随筆集『甲子夜話』の中の一節。

★長谷川のコーヒーブレイク

一度や二度の失敗で挑戦を止めてしまうのは、そもそも考えが甘いのだ。取り組めばすぐにうまくいくと考えているから、失望するのである。それほど容易く成功するはずがない。初めから百回失敗するつもりでいけ。そう語ってきた。

93 小学生に贈る金言—「ねばーランド」から「たいランド」へ

オススメ時期⬇ 四月、挑戦することを教えたい時
新徳目⬇ 希望と勇気・努力と強い意志

その1 ファーストペンギンになろう

南極の氷の上で暮らすペンギンたちは、冷たい海に泳ぐ魚を食べて生きています。魚を食べるには海に飛び込んでエサを獲らなければなりません。

しかし、ペンギンにとって海に飛び込むことは勇気がいることです。なぜ勇気がいるのだと思いますか（発表させる）。

海の中には、シャチやアザラシがいます。ペンギンの天敵です。エサを獲りに海に入ることで、逆に自分がエサになってしまう恐れがあるのです。

ペンギンはお腹を空かせて氷の大地の端っこまで来ます。海に飛び込めばそこにはたくさんの魚がいます。飛び込むのが早ければ早いほど、獲り放題です。

しかし、ほとんどのペンギンは怖くて飛び込めず、そこで止まってしまうのです。こんな様子です（画像）。

ところがしばらくすると、危険な海に勇気を振り絞って飛び込むペンギンが現れます。

すると、飛び込む姿を見ていた他のペンギンたちも次々と飛び込んでいきます。こうやってペンギンは生き抜くためのエサを獲るのです。

勇気を振り絞り、最初に海に飛び込んだペンギンのことを、「ファーストペンギン」といいます。

このペンギンの例から、何が起こるかわからないところに自ら飛び込んでいって、新しい道を作る人を「ファーストペンギン」と呼ぶようになりました。

皆さんにも、「ファーストペンギン」のようになってほしいのです。誰かがやらなくてはならない、でも誰もやらないという時に、先頭になってやってほしいのです。

例えば、ゴミが落ちていた時、誰か一人が先頭をきって拾うことで、それを見ていた周りの子も拾うようになります。そうやって良いことを広げていくことができるのです。ファーストペンギンのような子がいればいるほど、良い学校になります。目指せ、ファーストペンギン。

《参考文献》『ファーストペンギンの会社』デジタルガレージ（ダイヤモンド社）

その2 「ねばーランド」から「たいランド」へ

世の中には、「ねばーランド」と「たいランド」があるといわれています。

「ねばーランド」とは「～やらねば」という約束によって決められた、自由のない世界のことをいいます。「怒られるから勉強をしなければならない」「やりたくないけれど決まりだから掃除をしなければならない」という世界です。

それに対して「たいランド」は、「～したい」という自分の思いで決めた自由と責任の世界です。「知らないことを知るために勉強をしたい」「きれいになると気持ちが良いから掃除をしたい」という世界です。

さて、皆さんは「ねばーランド」に住んでいますか。それとも「たいランド」に住んでいますか。

「親に叱られるから、○月○日までにこの宿題を完成させねばならない」と考えるのか、それとも「最後の一日は思いっきり遊びたいから、○月○日までにこの宿題を完成させたい」と考えるのかで、結果もちがってきます。

「～したい」ととらえた方が、積極的に取り組もうという意欲が湧きます。心の落ち着き方もちがいますよね。やらなければならないではなく、やりたいと思い行動することで見える世界はガラッと変わります。

さらに「自分がすると決めて行動している」「自分の意思で選んで行動している」と考えると、ワクワクした気持ちになります。責任感も生まれ、成長も加速するのです。

後ろ向きに生きるのか、前向きに生きるのか。決めるのはもちろん皆さん自身です。皆さんの自由です。誰にも強制することはできません。

この「ねばーランド」「たいランド」のお話も、よりよく生きるための参考材料にしてほしいと思います。

ちなみに、決める時は、どちらが後々まで楽しいかを基準にすると、うまくいくことが多いそうですよ。

《参考文献》

『今ある「悩み」をズバリ解決します！』心屋仁之助（三笠書房王様文庫）

★長谷川のコーヒーブレイク

ファーストペンギンは、パイオニアの別名である。成功を掴むために、自らの意思で偶有性の海に飛び込んでいく。人跡未踏の荒野を切り拓いていく。私たちの社会には、そういう人間が必要だ。私自身もそう在りたいと願い生きている。

94 小学生に贈る金言─チャンスの女神は前髪しかない

オススメ時期⬇ 前向きにさせたり、挑戦する勇気をもたせたりしたい時 **新徳目⬇** 希望と勇気・努力と強い意志

その1 成功するまで続けること

皆さんには、頑張っているけれどうまくいかない、ということがありますか。例えば、毎日勉強しているのに思うように成績が伸びない、逆上がりがなかなかできるようにならない、などです。そういう経験をしたことがある人?（挙手させ、事例を言える範囲で発表させる）

生きていれば当然うまくいかないこともあります。

そんな時に大切なことは何だと思いますか。

一つ挙げるならば、「うまくいかない時にどのように考え、行動するか」ということです。

ある有名な会社の社長さんは次のように言いました。

「成功するためには、成功するまで続けることである。途中であきらめて、やめてしまえば、それで失敗である。だから、いくら問題が起こってきても、次々と工夫を凝らしてそれを解決していけばよいのである。（中略）決してあきらめない。成功するまで続けていく。そうすれば、やがて必ず成功するわけである」

この社長さんは、会社を立ち上げたけれども、うまくいかないことがたくさんありました。それでも、うまくいかない時には様々な工夫をして会社を経営していきます。やがて、その会社は日本を代表する大きな会社となりました。「パナソニック」という会社です。聞いたことがある人?

社長さんは、次のようにも話しています。

「失敗の原因を素直に認識し、『これは非常にいい体験だった。尊い教訓になった』というところまで心を開く人は、後日進歩し成長する人だと思います」

失敗したからといって、いちいちくよくよせずに、その失敗から学んで次に生かしていくことが大切なのですね。

たくさん失敗をしてもかまいません。そこから成功に結びつく何かを学び取りましょう。

そして、最後に大きな成功をつかみ取るために工夫を重ねていきましょう。

《参考文献》

『人を活かす経営』松下幸之助（ＰＨＰビジネス新書）

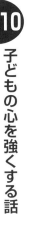

その2 チャンスの女神の前髪

アメリカには「チャンスの女神には前髪しかない」ということわざがあります。どういう意味だと思いますか。

チャンスの女神には前髪しかないので、通り過ぎた後に手を伸ばしても後ろ髪をつかむことができません。このことわざは、チャンスだと思った瞬間につかもうとしなければ、そのチャンスを逃してしまうぞ、という意味なのです。

さて、皆さんには、例えばどういうチャンスがありますか？（発表させる）「サッカーで試合に出るチャンス」「授業で発表するチャンス」「委員会でリーダーを務めるチャンス」など場面は様々ですね。

そのチャンスがやってきた時に、皆さんがどう行動するかがとても大切なのです。例えば、「〇〇くん、お楽しみ集会の代表をやってみない？」と先生に声をかけられたとします。やってみたいけれど、初めてだし、自分にできるか自信がない。そして、失敗するのがちょっと怖い。

そんな時に、さきほどのことわざを思い出してください。

「チャンスの女神様には前髪しかない」

断ってしまえば、そのチャンスは他の人に移ってしまいます。声をかける人は、あなたならば大丈夫と考えて勧めているのです。ですから、その場で「はい！　やります！」と返事ができる人がチャンスをものにし、仕事を通して成長して、成功をつかんでいくのです。

チャンスはいつどこからやってくるかわかりません。チャンスがやってきた時に、つかみ取る準備ができていなければ、手を伸ばすこともできません。チャンスに気づくことすらできないかもしれません。

ですから、いつチャンスが来てもいいように、普段から準備をするのです。例えば気持ちの良い返事、椅子から立つ速さ、失敗から立ち直る速さ、周りを明るくする笑顔や口癖など、今すぐに始められる準備はたくさんあります。

さあ皆さん、チャンスの女神の前髪をつかみましょう。

《参考文献》『巨富を築く13の条件』ナポレオン・ヒル著、田中孝顕訳（きこ書房）

★長谷川のコーヒーブレイク

私は、「努力は必ず報われる」といった無責任な言葉を吐きはしない。報われた努力は氷山の一角であることを知っている。報酬を求めすぎると辛くなると教える。努力すれば成功するとは限らないが、努力無くして成功は無い、と語る。

10 子どもの心を強くする話

95 心に残る話──〝努力のつぼ〟があふれるまで

オススメ時期⬇ 運動や勉強でうまくいかず、落ち込んでいる時

新徳目⬇ 希望と勇気・努力と強い意志

ある小学生が書いた作文です。

その1 どりょくのつぼ（角野　愛（1年））

◆「お母さん、努力のつぼの話、またして。」「ウンいいよ。こんどはなあに。」「さかあがり」「あらあらまだいっぱいになっていなかったのね。ずいぶん大きいねえ。」と言いながら、お母さんは椅子を引いて座りました。そして、もう何回もしてくれた、努力のつぼの話をまたゆっくりと始めました。それはこんな話です。人が何か始めようとか、今までできなかったことをやろうと思ったとき、神様から努力のつぼをもらいます。そのつぼは、いろんな大きさがあって、大きいのやら小さいのやらいろいろあります。そしてそのつぼは、その人の目には見えないのです。でも、その人がつぼの中に一生懸命「努力」を入れていき、それが少しずつ溜まっていつか「努力」が溢れるとき、つぼの大きさが分かる、というのです。だから休まずにつぼの中に努力を入れていけば、いつか、必ずできるときが来るのです。

私は、この話が大好きです。幼稚園のとき初めてお母さんから聞きました。そのときは、横ばしごの練習をしているときでした。それからも、一輪車や、鉄棒の前回り、跳び箱、竹馬。何でも頑張ってやっているとき、お母さんに頼んで、このお話をしてもらいます。くじけそうになったときでも、この話を聞いていると、心の中に大きなつぼが見えてくるような気がします。そして、私の「努力」がもう少しで溢れそうに見えるのです。だから、また頑張る気持ちになれます。お母さんは、「つぼが大きいと、大変だけど、中身がいっぱいあるから、あなたのためになるのよ。」と言ってくれるけど、こんど神様にもらうときは、もう少し小さいつぼがいいなぁと思います。◆

目標に向かって努力をしていても、すぐにできるようになるとは限りません。それでも休まずに「努力」をつぼの中に入れていけば、いつかその努力はつぼからあふれ、目標が達成されるのです。

《参考文献》『子どもの作文珠玉集1　子どもを変えた〝親の一言〟作文25選』向山洋一ほか（明治図書）一部改変

その2 学習曲線

あるグラフを描きます（学習曲線を板書）。何を表していると思いますか？（予想）これは、「学習曲線」と言って、何かができるようになったり、上達したりするまでの成長の度合いを表したグラフです。まっすぐに伸びているのが、「理想の成長線」といって、努力を重ねた分だけどんどん力が伸びていくことを表した線です。

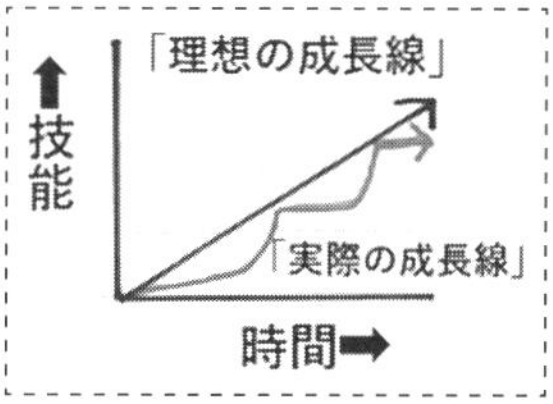

今までがんばったことを一つ思い浮かべてください。勉強でも、スポーツでも、習い事でもなんでもいいです。そのことは、努力をしたらすぐに力が伸びていきましたか？（いった、いかない、など挙手させる）

そうですね。努力をすればどんどん上達していくかというと、何事もそうはいきません。そのことを表したのがもう一本の線です。これは、「実際の成長線」といいます。

実際には、努力をしていてもなかなか上達しない。でも、あきらめずに努力を続けていれば、だんだん上手になっていって、ある時グンと力がつく時が訪れます（線をなぞりながら話す）。

でも、またあるところまでいくと、なかなかそこから上達せず、成長が止まったように感じる時があります。それがこの（真ん中の平らな）部分です。それでも努力を続けていると、ある時またグンと伸びる。でもまた止まって横に進む。その繰り返し。何に見えますか？（階段）

そうですね。一所懸命練習してもうまくいかない日が続く。それでも毎日、毎日、努力を続けていくと、ある時急にできるようになったり、上手になったりするのです。

勉強でも、水泳でも、鉄棒でも同じなのです。すぐにできるようにならないことでも、あきらめずに努力を続けていくと、いつかきっとできるようになります。信じてがんばっていきましょう。

《参考文献》

『向山の教師修業十年』向山洋一（学芸みらい社）

★長谷川のコーヒーブレイク

努力の壺の語りは鉄板である。日々努力を重ね、いつか目標を達成するまでの道筋が、子どもにも明確にイメージできるのである。成長曲線も同様である。プラトーの状態にある子どもにとって、何よりの励ましとなろう。

96 心に残る話—自分一人ぐらいの〝水ワイン〟

オススメ時期 六月、生活がいい加減になってきた時

新徳目 正直・誠実

その1 一杯のワイン

あるところに、ワインで有名な町がありました。

もうすぐ町のお祭りがおこなわれます。お客さんもたくさん来ます。町中の皆で相談して、お客さんにワインをごちそうしてお祭りを盛り上げようと決めました。

「全員が、それぞれコップ一杯のワインを樽に入れよう。そして、樽いっぱいのワインをプレゼントするんだ」

その町は皆貧しかったのですが、お祭りを盛り上げるために協力してワインを用意することにしました。

さてこの町には、トムという青年がいました。

ワインなんて高価なものはもちろん、パン一切れを買うにも苦労していました。しかし、トムも町のお祭りのために、何とかコップ一杯のワインを用意しました。

ところがワインを樽に入れる直前に、トムはふと思いました。「おいしそうなワインだ。もう何年もワインなんて飲んでいない。飲んでしまおうか。こんなに大きな樽なんだ。自分一人くらい入れなくてもごまかせるんじゃないか」

そう考えたトムは、自分の番が来ると、そっとコップ一杯の水を注ぎました。そして、用意したワインは飲んでしまいました。

いよいよ町のお祭りの日です。大きな大きな樽が、町の中心に運ばれました。

「どうぞ、わが町自慢のワインです」

町中の皆が見守る中、お客さんがワインをグラスに注ぎます。その瞬間、町の住民全員が「あっ」と思わず息を飲みました。お客さんのグラスに注がれたのは、透明の液体だったのです。どうして透明だったと思いますか（発表させる）。

貧しい町のことです。町の皆は、誰もがトムと同じように、「自分一人くらいいいだろう」と思い、ワインの代わりに、一杯の水を入れたのです。

自分一人くらいいいだろうと人任せにせず、一人ひとりが役割を果たすことが大切なのですね。

《参考文献》

『中学生に道徳的実践力をつける』渡辺大祐（明治図書）

その2　お金の持ち主

ある日、庄屋さんが道を歩いていると、大きな袋が落ちていました。中を覗くと、小銭が二千枚はありそうです。家に持って帰り、村に知らせの者をやりました。

すると吾助と兵六の二人が現れました。二人とも「自分のものだ」と、言うのです。

袋を隠し、二人の前に出た庄屋さんは、「落としたお金の事を、詳しく話しておくれ」と言いました。

まずは、吾助が、「へえ、あのお金は、おらが壺にコツコツ貯めた物だ。だども、おっかあが病気になったで、医者さ呼びに行くのに袋に入れて行く途中だったでベ」

これを聞いていた兵六が、「うそをつけ！　あれはおらが壺に貯めた金だ。今日、壺を見ると空っぽになっていた。きっとこいつが盗んで袋に入れて行こうとしたにちがいねえ」

話を聞いた庄屋さんは、「そうか。ところで吾助に兵六。なくしたお金は、何枚ぐらいじゃった？」吾助「数えた事がねえ。だども、壺の首まではあっただ」兵六「はっきりとは。だども、きっちり壺の首のところまで貯まっただ」そこで庄屋さんは、「わしが見たところ、千枚はあったが。では、壺に入れ、きっちり首まで入った方が本当の持ち主という事になるな。壺を取りに帰っておいで」

しばらくして二人は壺をかかえて戻って来ました。吾助の壺は大きな壺です。兵六は「吾助は欲ばりじゃ」と言って、得意そうに壺を庄屋さんに差し出しました。兵六の壺へお金を入れると、お金はあふれて畳の上へ落ちました。

青くなる兵六に庄屋さんは、「兵六、金は壺の首のところまで貯まっていたのでは、なかったかのう？」兵六「……」

吾助の壺に入れると、ピッタリ首のところまで入りました。「このお金は吾助の物じゃ。本当は二千枚あったんじゃが、千枚と言うたら、うそをついておる者がそのぐらいの壺を探して持ってくるじゃろうと思うたんじゃ。こら、兵六！　悪い事は、もう二度とするでないぞ」

世の中、正直に生きることが大切なのですね。

《参考文献》http://hukumusume.com/douwa/

★長谷川のコーヒーブレイク

読むだけで子どもたちがそれぞれに考える。感想を求めれば各々が思うところを発表する。そんな力のある資料をたくさん作っていきたいものだ。各資料の最後にある教訓部分に触れず、子どもから出させるのも面白いだろう。

10 子どもの心を強くする話

97 心に残る話―割れ窓／北風と太陽の話

オススメ時期⬇ 五月、相手のことを考えて行動することを教えたい時　**新徳目⬇** 公正・公平・社会正義

その1 割れ窓理論

昔、アメリカのニューヨークには悪いことをする人がたくさんいました。人の物を盗む、町の物を壊す、暴力を振るう等の事件が毎日のように起こっていました。怖くて恐ろしくて、住民はとても困っていました。

そのニューヨークに新しい市長が誕生しました。「悪いことをする人をなくして欲しい」「ニューヨークを安全で平和な町にしたい」という住民の願いを叶える。彼はそのために市長になったのです。

町を平和にするために、市長はまず始めにあることをしました。何をしたと思いますか（発表させる）。

市長は、町の建物や地下鉄の駅の、割れたままになっている窓をすべて直したのです。窓を直すだけで悪いことをする人は少なくなると思いますか。実際に犯罪は減ったのです。どうして少なくなったのでしょうか。

窓が割れていると、悪いことをする人は「窓を割っても誰も直さない町なのだ、悪いことをしても誰もが見て見ぬふりをするだろう」と思い、さらに悪いことをするようになってしまうのだそうです。

しかし、窓が一枚も割れていないような町だと、「この町の住民は窓一枚の割れも見逃さないほどしっかりしているのだ」と考え、「悪いことはできない」とあきらめるのだそうです。

皆さんの学級はどうですか。

例えば、ゴミが落ちていてもそのまま、机が乱れていてもそのまま、誰も拾わず直さずほったらかし。こういうことがもしあるならば、学級がだんだん良くない方向に進み、ある日大きな事件が起こったりするかもしれません。

逆に、教室が清潔で、整理整頓が行き届いていると、良くないことは起こりません。皆さんは良いことが起こる学級と悪いことが起こる学級のどちらがいいですか。

すべては皆さんの行動にかかっているのです。

《参考文献》

『「壊れ窓理論」の経営学』M・レヴィン、佐藤桂（光文社）

その2　北風と太陽

ある日、北風と太陽が力自慢をしていました。

北風は「ぼくはなんでも吹き飛ばせる。だから一番強い」といばっていました。

それに対して、太陽も同じように、「それはちがう。一番強いのはぼくだ」といばっていました。

どちらも自分が一番だと言っています。

その力自慢はいつまでたっても終わりませんでした。

そこで、「目の前を歩いている旅人の服を脱がせた方が勝ちということにしよう」と二人で決め、対決を始めました。

まずは北風からです。北風は強く冷たい風を吹きつけ、旅人の服を吹き飛ばそうとしました。

しかし、旅人は風の勢いで飛ばされないように服を手で押さえてしまいました。さらに、寒がってコートを着てしまいました。結局、北風は脱がすことができませんでした。

次は太陽の番です。太陽は旅人を暖かく照らし続けました。辺り一面、みるみる暖かくなりました。

旅人はその暖かさのせいで、体中から汗が出てきました。

そのうちにあまりにも暑くなってきたので、旅人は服を脱ぎ捨ててしまいました。それを見ていた北風は、すべてを力で解決しようとしていたことを反省しました。そして力自慢をすることはなくなりました。

このお話が皆さんに伝えたいことは何だと思いますか。

それは、北風のように力まかせに何かを相手にさせようとすると、相手は余計に動かなくなるということです。逆に、太陽のように、相手の気持ちを考えて照らし続けることで、相手は動いてくれることが多いのです。

学級でも同じです。相手に何かを無理やりやらせようとしても、うまくいかないことが多いです。そうではなく、相手に行動しようと思わせるためには自分が何をしたらいいのかを考え、人を動かそうとする前にまずは自分が動くことが大切なのです。

北風と太陽からの学びを生かしていけたらいいですね。

《参考文献》『北風とたいよう』平田昭吾（ブティック社）

★長谷川のコーヒーブレイク

「このお話が皆さんに伝えたいことは何か」という発問が良い。教えようとする価値を子どもが発見するのが理想の展開である。このような語りは事後的、対症療法的に扱うより、予防的に語っておいた方が良いだろう。

10 子どもの心を強くする話

98 教訓話で討論―「アリとキリギリス」の話

オススメ時期↓ 朝の会や帰りの会　**新徳目↓** 勤労・公共の精神

その1 アリとキリギリス

夏のある日、キリギリスが野原で歌を歌っていると、アリたちがぞろぞろ歩いていました。

「おい、アリくんたち。そんなに汗をビッショリかいて、何をしてるんだい?」

「わたしたちは食べ物を運んでいるんですよ」

「だけど、ここには食べ物がいっぱいあるじゃないか。どうして、家に食べ物を運ぶんだい?」

「今は夏だから食べ物がたくさんあるけど、冬が来たら、ここも食べ物はなくなってしまいますよ。今のうちにたくさんの食べ物を集めておかないと、あとで困りますよ」

アリたちがそう言うと、キリギリスはバカにしたように、

「ハハハハハッ」と笑って言いました。

「冬の事は、冬が来てから考えればいいのさ」

そう答えると、また歌を歌い始めました。

さて、それからも毎日キリギリスは陽気に歌って暮らし、アリたちは、せっせと家に食べ物を運びました。

やがて夏が終わり、過ごしやすい秋が来ました。キリギリスは、ますます陽気に歌を歌いました。

そしてとうとう、寒い寒い冬がやって来ました。野原の草はすっかり枯れて、キリギリスの食べ物は一つもなくなってしまいました。

「ああ、お腹が空いた。困ったな。どこかに食べ物はないかなあ。そうだ。アリくんたちが、食べ物をたくさん集めていたな。アリくんたちに何か食べさせてもらおう」

キリギリスは急いでアリの家にやって来ましたが、アリは家の中から「だから、食べ物がたくさんある夏の間に食べ物を集めておきなさいと言ったでしょう。家族分の食べ物しかないから、あなたにあげる事はできません」と言って、玄関を開けてくれませんでした。キリギリスは雪の降る野原の真ん中で、寒さに震え、しょんぼりしていました。楽をしてなまけていると、そのうち痛い目にあうかもしれませんね。

《参考文献》『よい子とママのアニメ絵本3　イソップものがたり3』(ブティック社)

その2 金の卵を産むニワトリ

ある町に貧しい男がいました。男は一匹のニワトリを飼い、可愛がっていました。

ある日、男の飼っているニワトリがなんと金のタマゴを一つ産みました。男はビックリして、叫びました。

「これはすごい！ このタマゴは高く売れるぞ！」

ニワトリは次の日も、金のタマゴを産みました。また次の日も、そのまた次の日も、毎日一つずつ金のタマゴを産みました。ニワトリの産む金のタマゴのおかげで、貧しかった男の生活はみるみる豊かになりました。

男は新しい家に住み、おいしい物を食べ、きれいな服を着られるようになりました。「俺もずいぶんお金持ちになったなぁ」と思いました。

続けて男はこう思いました。

「でも、俺よりも大きい家に住んでいる奴は大勢いる。俺よりも高い服を着ている奴も大勢いる。俺はもっともっとお金がほしい。もっともっと良い生活をして人々からうらやましがられたい。

そのためには、ニワトリがもっとたくさんのタマゴを産んでくれればいい。どうしたものかな……そうか！

あのニワトリの腹の中には、金の固まりがあるにちがいない。そうだ、それを取り出せば、俺はもっと金持ちになれるぞ。今よりも良い生活ができるのはまちがいないだろう。俺は何てかしこいんだ」

男はそう思い、すぐにニワトリの所へ行って、ニワトリのお腹をナイフで切り開きました。でも、ニワトリのお腹の中からは、金の固まりなど出てきません。しかも、ニワトリは死んでしまいました。男は、自分のしたことをとても後悔しました。でも、遅すぎました。その後、男はすぐにお金がなくなってしまいました。貧乏に逆戻りしました。

欲張りはほどほどにして、自分が持っている物で満足しないと、今ある物までも失うことになりますね。

《参考文献》『母と子のおやすみまえの小さな絵本 イソップどうわ』（ナツメ社）

★長谷川のコーヒーブレイク

定番の童話であるから、少しひねりを効かせたい。「弱っているキリギリスに食べ物を恵まなかったアリをどう思うか」「夏の場面で、あなたがアリならば、キリギリスをどう説得するか」等と問えば、議論が生じるだろう。

10 子どもの心を強くする話

99 教訓話で討論――〝天国と地獄〟の話

オススメ時期⬇ よい環境を自分で作ることを伝えたい時
新徳目⬇ 希望と勇気・努力と強い意志・親切・思いやり

その1 みにくいアヒルの子

池のほとりで、一羽のお母さんアヒルが、卵を温めていました。卵から子どもが次々と生まれましたが、一番大きな卵が残っています。「おかしいわ、どうしたのかしら」とお母さんアヒルは首をかしげました。

歳をとったアヒルは「これは、七面鳥の卵かもしれないよ。捨ててしまいなさい」と言いました。でも、お母さんアヒルは自分の子にちがいないと信じて大きな卵を温め続けました。

そして、とうとう大きな卵からヒナが生まれました。ところが、その子はとても大きくて不格好だったのです。「やっぱり七面鳥の子かもしれない」とお母さんアヒルは思いましたが、上手に泳ぐ大きなその子をみて、「やっぱり私の子だ」と思い直しました。

お母さんアヒルは、子どもたちを仲間のところへ連れていきました。ところが、仲間たちは、大きな子を見て、悪口を言いました。「なんて大きくてへんてこな奴なんだ」「あんなのは仲間に入れてやらないぞ」

かわいそうなアヒルの子は、自分の姿が他の兄弟とちがうせいでいじめられるのが、悲しくてなりませんでした。

とうとうその子は逃げ出しました。

秋になりました。かわいそうに、アヒルの子はすっかり弱ってしまいました。そしていよいよ、寒い寒い冬がやってきました。厳しい冬の間、その子は、沼の草の間にじっとうずくまって、耐えたのでした。

やがて、春がきました。アヒルの子が起き上がると、目の前の茂みから美しい白い鳥が出てきました。子どもはその鳥の名前を知りませんでしたが、不思議と懐かしく思えました。

ふと、澄み切った水の上に、自分の姿が映っているのが見えました。それはもう、みにくいアヒルの子ではありませんでした。映っていたのは、美しい一羽の白鳥だったのです。

《参考文献》
『みにくいあひるの子』アンデルセン(ポプラ社)

その2 天国と地獄

昔、ある男の人が、天国と地獄はどんな所なのか知りたいと考えました。男の人は、まず地獄を見に行きました。

行ってみると、そこは、とても良い所のように見えました。人々はそれぞれの部屋に暮らしています。夕ご飯の鐘が鳴ると彼らは部屋から出てきました。そこにいる人々は皆、長い脚と長い腕をした背の高い人々でした。

人々は長いテーブルの両側に座りました。皆、不安げでお腹が空いている様子でした。出てきた料理は、米とパンと野菜で、おいしそうです。

人々はスプーンで食べ物をすくって口に運ぼうとしましたが、彼らの長い腕は固くて曲がらないので口に届かず、食べ物は彼らの肩越し、背中越しに床に落ちてしまいます。先ほどテーブルの上にあったおいしそうな料理はすべて、あっという間に床の上に落ちてしまいました。

それから男は天国を訪れました。天国は地獄とそうちがうようには見えませんでした。

そこにいる人々は中庭の周りにある部屋に暮らしており、ときどき、笑いの交じった話し声が聞こえてきました。

しばらくして、夕ご飯の鐘が鳴りました。長い腕と長い脚をした人々が幸せそうに部屋から出てきて、長いテーブルの両側に座ります。

地獄とまったく同じ、米とパンと野菜の食事が出されました。しかし、食事の光景はまったくちがいました。

食事が始まると、人々は自分の口に食べ物を運ぼうとする代わりにそれぞれの向かい側の人に食べさせていたのです。たとえ自分の腕が曲がらなくても、お互いに食事を食べさせ合うことによって、皆のお腹はいっぱいになっていったのです。

同じ環境でも、他の人のことを思って行動する人が増えると、皆が楽しくなるのですね。〇年〇組も、皆で協力して、天国のようなクラスにしていきましょうね。

《参考文献》

『君あり、故に我あり』サティシュ・クマール(講談社)

★長谷川のコーヒーブレイク

「みにくいアヒルの子」とは、いったい何を教えようとする童話なのだろうか。みじめな生い立ちから一転してのサクセスストーリーなのか。その点、「天国と地獄」のメッセージは明快である。私はこのような童話をよく聞かせていた。

100 教訓話で討論―オオカミ少年の話

オススメ時期↓ 朝の会や帰りの会

新徳目↓ 節度・節制・正直・誠実

その1 肉をくわえた犬

ある町のお話です。口に大きな、美味しそうな肉をくわえた犬が、橋の上をトコトコ渡っていました。

ふと橋の下を見ると、なんと川の中にも美味しそうな肉をくわえた犬がいてこっちを見ています。

二匹の犬は肉をくわえてしばらくジッと目を合わせて見つめ合っていました。

橋の上の犬は思いました。

「なんだいあの犬。ジッと見てきやがって。きっと俺がくわえてる肉がうらやましいんだろうな。そりゃあそうだろう。こんなに大きな肉なんだから」

それから、またしばらく、二匹の犬は見つめ合いました。

橋の上の犬は、相手のくわえている肉を見ているうちに、こう思うようになりました。

「何だか、あいつのくわえている肉の方が大きくておいしそうだな。ひょっとしてあいつは俺の肉を小さいとバカにしてるんじゃないだろうか」

犬は悔しくて、悔しくて、たまらなくなってきました。

「そうだ、あいつをおどかして、あの肉を取ってやろう」

そして、川に向かって力のかぎり大きな声でほえました。

「ウウー、ワン！」

そのとたん、口にくわえていた肉はポチャンと川に落ちて流れていってしまいました。

「あーっ！　しまった！」

川の中には、同じようにガッカリした犬の顔がうつっています。またしばらくの間、二匹の犬は見つめ合いました。

その時、犬はハッと気がつきました。

「さっきからこっちを見ていた川の中の犬は、水にうつった自分だったのか！」

他の人が自分と同じものを持っていても、なぜか、相手が持っているものの方が良く見えるものです。必要以上に欲張ると、結局最後には損をしてしまうこともあるのですね。

《参考文献》『母と子のおやすみまえの小さな絵本　イソップどうわ』千葉幹夫（ナツメ社）

その2 オオカミ少年

ある町にヒツジ飼いの少年がいました。

毎日、毎日、ヒツジの世話ばかり。ヒツジの世話にあきた少年は、少しいたずらをしてやろうと思いました。

少年は大声でさけびました。

「皆！　大変だ！　オオカミだよ。オオカミがやってきたよ！　ヒツジが皆食べられちゃう。大変だ！」

オオカミにヒツジが食べられては大変です。村の人たちは大あわてで、少年の所に走って集まってきました。

ところが、オオカミはどこにもいません。ヒツジはいつもと同じようにゆったりと草を食べたり、寝転んだりしています。

それを見た少年はおもしろくてたまりません。村の人たちは、カンカンに怒って帰っていきました。

何日かして、少年はまた大きな声でさけびました。

「皆！　大変だ！　オオカミだよ。今度こそオオカミがやってきたよ！　ヒツジが食べられちゃう。助けて！」

村の人たちは、また大あわてで集まってきました。しかし、やっぱりオオカミはいません。少年はおもしろくってたまりません。村の人たちは、またカンカンになって帰っていきました。

ある日、本当にオオカミの群れがやってきました。

少年は大あわてです。大きな声でさけびました。

「大変だ！　本当にオオカミがやってきたよ！　ヒツジが皆食べられちゃう。大変だよ！　今度は本当だよ！」

村の人たちは、だれもやって来てくれませんでした。

「また、ウソつきが何か言ってるぞ。だまされてたまるもんか」と知らんぷりです。

少年のヒツジは、皆オオカミに食べられてしまいました。

しばらくしてしぶしぶやって来た村の人たちの目に映ったのは、木の上に逃げている少年の姿でした。

嘘をつけばつくほど、いざという時に誰も信じてくれなくなってしまいます。

《参考文献》『よい子とママのアニメ絵本3　イソップものがたり3』（ブティック社）

★長谷川のコーヒーブレイク

これもまた、教訓部分を子どもに考えさせる展開がよい。様々な意見を出させたのち、どれが最もふさわしいかを検討させれば大いに盛り上がるだろう。また、問答があって初めて、その部分の大切さに気づく子どももいる。故に問おう。

あとがき

本書を締めくくるにあたり、日常的な出来事を基にした語りを収めた。どれも帰りの会で語った話である。中学校生活に対して期待と不安の両方を抱く子どもたちに、青春の真っ只中を疾走する中学生のリアルな一面を紹介してほしい。

1　一番最初に手を貸してくれた女子へ

ゴミ拾い、床拭き、皆が嫌がる所をキレイにする、トイレの流し忘れを見て見ぬフリをしない、細かい所も見落とさず美しくする。これらの行動一つひとつを、Fさんは毎日行っています。四月はじめ、まだ授業後や給食後に紙の切れ端やストロー、ドレッシング、袋などのゴミが散乱し、私が拾い、床を拭いていた時、一番最初に手を貸してくれたのがFさんでした。以降、「先生に拾わせるわけにはいかない」と言って、行動し続けてくれています。彼女はきっと成功します。私の確信です。

2　最も早く掃除に目覚めた男子へ

昨日の清掃時間のことである。私はネジの弛んだ生徒用机と椅子の修繕をしていた。それと同時並行で、T君は男子トイレの便器を磨いていた。

少し前の彼の日記に、私が便器に正対して雑巾をかけている姿を見、次は自分も手伝うと書かれていた。

そして彼は、自分から一歩を踏み出した。

私がやっているから、ではなく、自分の仕事として、だ。

どんなに美しい言葉より、どんなに手の込んだ表現より、行動の事実に人は感動する。

私は口先だけの、「口動」の人を軽蔑する。不言実行であれ有言実行であれ、実践する人間を心から尊敬する。

私はT君を尊敬する。

3　目立たずとも精一杯生きている女子へ

さすがにテスト直前だ。Sさんの日記も短くなる。短くなると言っても、大学ノート二ページだ。彼女の努力は三カ月間、ひたすらに蓄積されてきた。

膨大な日記を書き、教室のゴミを拾い、食器片付けを手伝い、床を拭き……、その成果は、既に一つ現れた。国語の成績がぐんと伸びたのだ。発言するようになって、更に成長カーブに角度がついた。

驚くことではない。当然そうなる。世の中はシンプルだ。良き種を蒔き、毎日良き栄養を与えれば、良き作物を収穫できるのだ。彼女の進化はその証だ。

4　生まれて初めて集団で一つのことに取り組んだ学級へ

2Aの合唱では、課題曲の時点で女子が泣き出し、曲間に「泣くのは早いぞ！」と言いに行くことになってしまいました。自由曲ではほとんどの女子が泣いていましたね。

様々な思いが脳裏をよぎったのでしょう。今日までの、教室での場面場面が思い出されたのでしょう。その気持ちが良くわかります。私も、この教室で共に同じ時間を過ごしたから。

一番長い拍手が贈られたのは、君たちの合唱に対して、でした。特に、3Aの男子の拍手です。君たち全員が舞台を降りるまで続いていました。

「すごくいいクラスだと思った」「声は小さかったけど、去年と全然ちがいましたよ」「女子の涙で、すげえがんばってきたんだなってことがよくわかりました」

私たちの合唱の裏側にあるものが、見える人には見えたのです。

5　学年を覆う荒れとの真剣な格闘を始めた学級へ

自分たちで汚してしまった「窓」は、自分たちの手できれいにするしかない。

汚れた窓越しに見るから、君たちの本質が見えない。

その窓は、内側からしか磨けない。

内側にいる君たちにしか、それはできないのだ。

日々その汚れを取り除き、美しい「窓」を取り戻して、君たちの本質を示せ。

でなければ、汚れは「窓」だけにとどまらず、君たちの心まで汚染する。

そうなっては遅い。

手遅れになる前に、あなたが汗をかくのだ。

今こそ、あなたが動く番なのだ。

私も共に動く。


ちょうど一年前に上梓した『中学生にジーンと響く道徳話100選』は、おかげさまで予想以上の好評を博した。全国各地の公的研修会や私的なセミナーで、たくさんの先生方、特に中高の先生方から、「道徳本に助けられています」「語りに自信がつきました」「あのネタを基に授業をつくって実践しています」等の嬉しい報告を受けた。

同時に、小学校の先生方からは、「小学生版も是非欲しい」「小学生相手ならばどんな語りになるのかを知りたい」等の要望を多数いただいた。

その声に応えようと企画し、まとめたのが本書である。

中学版同様、全国各地の教育現場で格闘する若き同志たちが、実践をくぐらせた語りを報告してくれた。私の講座や研究資料、学級通信集等からの「追試」が多くを占めるが、彼らのオリジナルも少なくない。

彼らから届いた一〇〇の素材を、私が語るならこうする、という組み立てで書き下した。

ここで言う組み立てとは、材料の組み合わせと提示する順番の意である。

学級で、学年で、時には全校集会等の場で、広く活用していただきたい。

実践されての所感や児童生徒の反応等をお聞かせいただければ幸甚である。

私もまた私の立つ場所で更なる修業を積み、実践を重ね、事実を以て教育界への問題提起を為し続けることを誓い、筆を擱く。

NPO法人埼玉教育技術研究所代表理事　長谷川博之

【執筆協力者（素材提供者）一覧】

星野優子　　埼玉県さいたま市立指扇中学校
野口雄一　　埼玉県富士見市立水谷東小学校
兵藤淳人　　埼玉県三郷市立早稲田小学校
田原佑介　　埼玉県立不動岡高校
新井　亮　　埼玉県鶴ヶ島市立栄小学校
内海淳史　　千葉県八千代市立八千代台東小学校
尾堤直美　　埼玉県春日部市立豊野中学校
大木島研　　埼玉県富士見市立諏訪小学校
原田涼子　　東京都文京区立第十中学校
吉川大胤　　埼玉県入間郡毛呂山町立川角小学校
森田健雄　　埼玉県さいたま市立宮前中学校
和田秀雄　　兵庫県立西宮北高等学校
岡　拓真　　宮城県石巻市立湊中学校
広瀬　翔　　山梨県南アルプス市立甲西中学校
竹岡正和　　埼玉県さいたま市立宮原小学校
吉田知寛　　東京都三鷹市立中原小学校
上田浩人　　北海道湧別高等学校
北倉邦信　　東京都江戸川区立二之江第二小学校
白石和子　　東京都世田谷区立等々力小学校
伊藤拓也　　千葉県千葉市立おゆみ野南中学校
伊藤圭一　　埼玉県入間郡三芳町立三芳東中学校
和智博之　　埼玉県川越市立武蔵野小学校
片山陽介　　岡山県倉敷市立中庄小学校
上野一幸　　福島県白河市立五箇中学校
横田泰紀　　埼玉県桶川市立桶川西中学校
黒杭暁子　　私立立教女学院中学校
豊田雅子　　埼玉県熊谷市立妻沼西中学校

〈著者紹介〉

長谷川博之（はせがわ・ひろゆき）

1977年生。早稲田大学大学院教職研究科卒。埼玉県熊谷市立奈良中学校勤務。NPO法人埼玉教育技術研究所代表理事。TOSS埼玉志士舞代表。日本小児科連絡協議会「発達障害への対応委員会」委員。JP郵便教育推進委員。文科省委託事業「子どもみんなプロジェクト」WG委員。全国各地で開催されるセミナーや学会、学校や保育園の研修に招かれ、年間70回ほど講演や授業を行っている。また、自身のNPOでも年間20前後の学習会を主催している。
主な著書に『生徒に「私はできる！」と思わせる超・積極的指導法』『中学校を「荒れ」から立て直す！』『中学の学級開き　黄金のスタートを切る3日間の準備ネタ』（以上、学芸みらい社）、『クラス皆が一体化！　中学担任がつくる合唱指導』『子ども・保護者・教師の心をつなぐ“交換日記＆学級通信”魔法の書き方と書かせ方』（以上、明治図書）、『中学生にジーンと響く道徳話100選』（学芸みらい社）などがある。

小学生がシーンとして聴く道徳話100選
●教室のモラル！向上的変容の活用授業

GAKUGEI MIRAISHA

2018年6月 1 日　初版発行
2018年7月15日　第2版発行
2019年1月25日　第3版発行
2020年2月10日　第4版発行
2022年2月20日　第5版発行

著者　長谷川博之
発行者　小島直人
発行所　株式会社 学芸みらい社
〒162-0833 東京都新宿区箪笥町31 箪笥町SKビル3F
電話番号 03-5227-1266
https://www.gakugeimirai.jp/
e-mail : info@gakugeimirai.jp
印刷所・製本所　藤原印刷株式会社
企画　樋口雅子　校正　菅　洋子
装丁デザイン　小沼孝至
DTP組版　星島正明

ISBN978-4-908637-77-3 C3037